钱币鉴藏全书

《钱币鉴藏全书》编委会　编写

北京希望电子出版社
Beijing Hope Electronic Press
www.bhp.com.cn

内 容 简 介

本书以独立专题的方式对古代钱币的起源和发展、时代特征、鉴赏要点、收藏技巧、保养知识等进行了详细的介绍。本书内容丰富，图片精美，具有较强的科普性、可读性和实用性。全书共分十二章：第一章，夏商周钱币；第二章，春秋战国时期钱币；第三章，秦代钱币；第四章，汉代钱币；第五章，三国两晋南北朝钱币；第六章，隋唐钱币；第七章，五代十国钱币；第八章，宋元钱币；第九章，明代钱币；第十章，清代钱币；第十一章，古钱的价值评估；第十二章，古钱鉴定与保养概述。本书适合钱币收藏爱好者、拍卖业从业人员阅读和收藏，也是各类图书馆的配备首选。

图书在版编目（CIP）数据

钱币鉴藏全书 /《钱币鉴藏全书》编委会编写. —北京 : 北京希望电子出版社, 2023.3

ISBN 978-7-83002-383-6

Ⅰ. ①钱… Ⅱ. ①钱… Ⅲ. ①古钱(考古) – 鉴赏 – 中国②古钱(考古) – 收藏 – 中国 Ⅳ. ①K875.64②G262.2

中国国家版本馆CIP数据核字(2023)第019764号

出版：北京希望电子出版社
地址：北京市海淀区中关村大街22号
　　　中科大厦A座10层
邮编：100190
网址：www.bhp.com.cn
电话：010-82626270
传真：010-62543892
经销：各地新华书店

封面：袁　野
编辑：周卓琳
校对：李小楠
开本：710mm × 1000mm　1/16
印张：14
字数：259千字
印刷：河北文盛印刷有限公司
版次：2023年3月1版1次印刷

定价：98.00元

编委会

（按姓氏拼音顺序排列）

目录

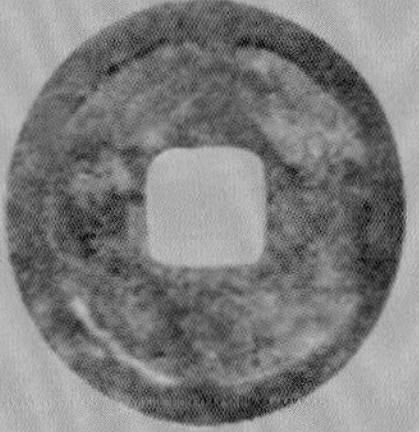

第八章

宋元钱币

第九章

明代钱币

第十章

清代钱币

第十一章

古钱的价值评估

第十二章

古钱鉴定与保养概述

第一章

夏商周钱币

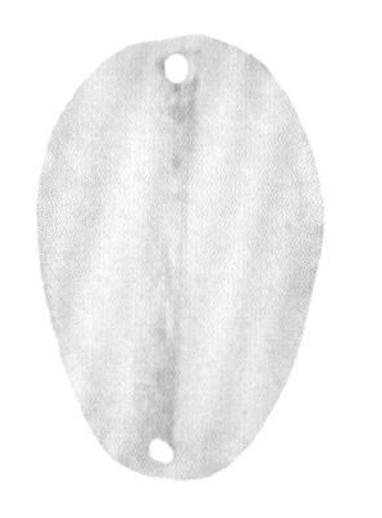
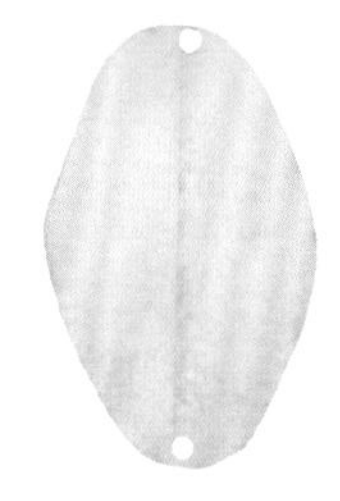
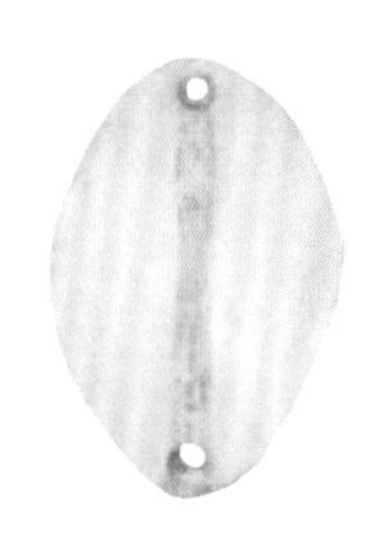

△ **蚌仿贝　商、周**

中国古钱之源在哪里？这是一个既简单又复杂的问题，历史学家习惯从中国有商品交易的第一天谈起，考古学家擅长在中国神农冢下的第一钵谷粟中寻觅，钱币专家则往往会郑重其事地告诉你——中国最古老的货币是夏商时的天然贝壳。商朝末期，铜仿贝出现了；西周以后，在中国北方、东方和南方，以不同的地区特点形成了特色纷呈的布币、刀币和蚁鼻钱。这三大货币体系其实是与中国三大地域文化奇葩——中原文化、齐文化、楚文化分不开的。

中国古钱具有源远流长的文化内涵。

在原始社会里，人们的生产活动只能勉强维持自身的生活。随着生产力的不断提高，人们的剩余劳动产品越来越多，为了互通有无，部落之间常常进行物品交换。随着社会的发展，参加交换的物品越来越丰富，交换的困难也随之增大。于是有一种经常用来交换的物品就自发地分离出来，专门充当等价物。历史上不同时期、不同地区，先后有牲畜、皮革、象牙、贝壳、农具等物品充当一般等价物。一般等价物虽具备货币等价形式的特点，但还不完全是货币，因为货币必须具备质地耐久、携带方便、数量充足、认识普遍、分割容易、价格稳定六个条件，所以能称得上原始货币的只有海贝、龟壳、蚌珠等。在这其中，海贝因最具货币条件，使用范围更为普遍，使用时间也更为悠久，世界各民族差不多都用过贝类作为原始货币。

△ **平肩弧足空首布　春秋**
面、背通高12厘米

贝币也是中国最早的货币之一，根据古文献记载和考古资料证明，贝币的使用可以追溯到夏代。桓宽《盐铁论·错币》就有“夏后以玄贝，周人以紫石，后世或金钱刀布”的记载。除玄贝外，在我国古文献中提到充当货币使用的海贝，还有子安贝、大贝、紫贝等。

贝币主要使用于商周时代，由于西周青铜器中有“用贝十朋又四朋”的记载，可以推知当时的贝币以“朋”为计算单位。至于一“朋”有多少贝，历代学者说法不一，有二贝、五贝、十贝诸说。王国维说：“古者五贝一系，二系一朋。”郭沫若先生在研究了殷墟墓出土的海贝情况后，也赞同十贝为“朋”之说。根据近十几年来的一些考古资料，证实十贝为“朋”之说是可信的，但并不全面，因为从贝币出土情况看，西周的小型货贝是十贝为“朋”，但在殷商时的大型贝类，每“朋”之数则要少些。

贝币是由海贝壳打磨穿孔而成，一般带有乳白色的光泽，大小轻重基本接近。长度从1～8厘米不等。贝，原是一种装饰品，光滑润泽，美观坚固，为人们所喜爱。由于它本身具有玩赏价值，又便于计量和储存，非常适合充当一般等价物，因此演化成货币。贝币主要有小孔式、大孔式、背磨式三种。小孔式是背部琢出一个或两个直径0.2厘米的穿孔，主要流行于商代早期。大孔式是在背部一端或中间琢磨出一个直径0.3～0.8厘米的较大穿孔，主要流行于商中期。背磨式是把背部几乎全部磨去，只保留其腹部，这种形式出现于商晚期，流行于西周和春秋。一般贝币穿孔越小者时代越早，新石器时代的贝币甚至无孔。贝币的品类很多，新中国成立以来出土的实物证明有货贝、拟枣贝、阿文绶贝、虎斑宝贝、环纹货贝等数种。

在商周时代，贝币的价值较高，经常被用作赏赐品和殉葬品。在商周的铜器中就有许多赏贝的记载，如小子省壶铭：“甲寅，子赏小子省贝五朋，省扬君赏，用作父己宝彝。”另外，从考古资料上看，商周贵族多用贝币殉葬。

商品交换的发展，使一般等价物开始由某些金属来充当，形成了“货币的价值形态”。在我国，齐家文化已发现有红铜小件。夏代晚期的二里头文化已出现青铜文化，有中小型的青铜礼器爵、斝、盉以及一些青铜质的饰牌、工具和武器等。至商代晚期，青铜冶铸业已相当发达，完全具备了萌生金属铸币的社会条件。

如果说铜贝是金属铸币的发端，那么，另一个金属铸币的发展脉络则源于黄河中游的农业地区和黄河下游的渔猎农业区，其由农具和渔猎工具发展而来。商代后期，黄河中游已出现过青铜农具钱、镈。

随着社会经济的发展，春秋战国时期原始货币逐步演进为铸币，即早期钱币。诸侯列国先后开始铸造钱币，各自为政，并不统一。列国钱币的形态、制式、名称、重量等，各有特点，十分复杂，除了铸青铜钱币外，某些地区还使用贵金属称量货币，某些地区仍沿用原始货币。春秋战国青铜铸造的钱币大体上可以归结为贝币、布币、刀币、圜钱四大类型。各大类型由多种多样的品种组成。

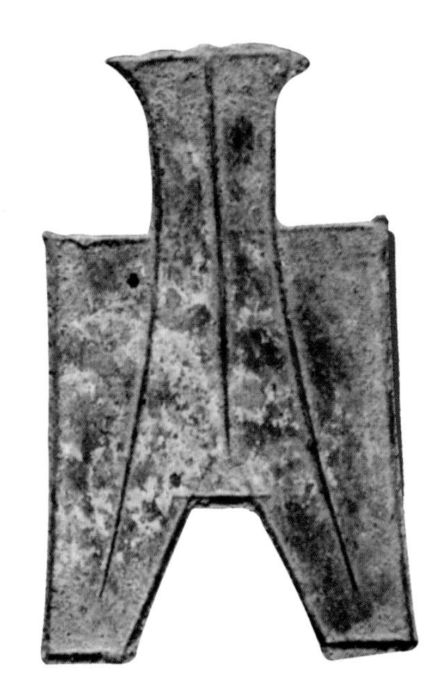

△ **涅金布　东周**

长7.3厘米

涅金布，东周时期货币。首端左右有尖角突出，又称异形布。老生坑，有黄褐色包浆及红绿锈、铁色锈及灰土锈，色彩丰富，铜质细腻紧密，线条挺拔、钱文秀丽。首部有浇口痕迹，“金”字上方有一小孔，为铜质冷缩造成，这在先秦布币上常见。

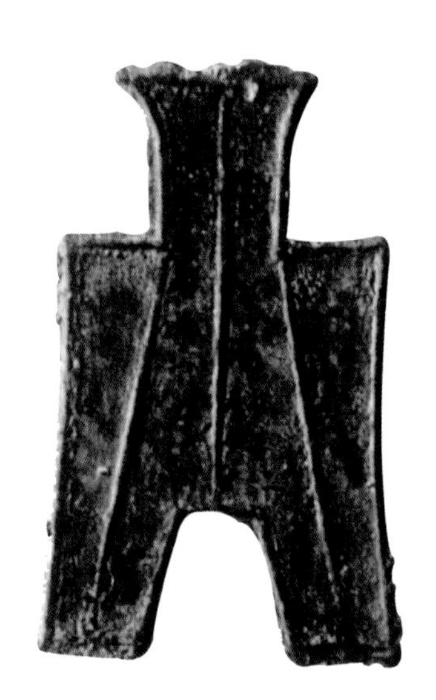

△ **仿东周涅金布　现代**

长7.1厘米

涅金布，近年新仿品。伪造时以真币作模翻铸，所以仿品的文字形制都和真品一样。最大问题是在范线上，真品以泥范铸成，两范合拢处非常紧密，铜汁渗出造成的范线细小锋利。仿品是翻砂铸成，在浇口、四周边缘、背面的三根中线周围都有砂粒状的流铜残余。据此即可断定是伪品。

△ **铜贝　殷商**

面通高3.2厘米

△ **铜贝　商代中晚期**

中国最早的金属铸币，拟枣贝。仿海贝，周朝时流行通用于鲁国及江淮各诸侯国。

△ **耸肩尖足空首布　春秋中晚期**

▷ **平肩弧足空首布·无文**

第二章

春秋战国时期钱币

△ **桥形币　春秋战国**
长9.7厘米，高4.8厘米，重7.4克

一　贝币

贝币在春秋战国时期仍在使用，直至秦始皇废贝行钱，方才淘汰。在这期间，出现了许多仿制贝，以材料来分，有骨贝、石贝、陶贝、玉贝、铜贝等。在各种仿制贝中，铜贝具有更为突出的重要性，它不一定出现在其他仿制贝之后，因为商墓中已有铜贝出土，但它是世界上最早的铸造货币。从已发现的铜贝来看，铜贝一般为青铜质，外形近似天然海贝，面凸起，底内凹，有的横铸一道贝齿，一端有一大孔，无文字。铜币的出现，说明商代已处于实物货币向金属铸币过渡的时期。

铜贝有两大类，一种是无文铜贝，一种是模铸文字的蚁鼻钱。蚁鼻钱铸行于战国时期的江淮流域，多在南方出土，和中原货币不同，一般认为是楚国的货币。最早记录这种铜贝为蚁鼻钱的是洪遵著的《泉志》，其曰："此钱其形上狭下广，背平，面凸起、长七分，上阔三分，上锐处可阔一分、重十二铢。面有文如刻镂，不类字，世谓之蚁鼻钱。"所谓"蚁鼻"，本喻轻小。晋葛洪《抱朴子·论仙》记载，"以蚁鼻之缺，捐无价之淳钧。"意思是说只因轻微的缺陷，舍弃了无价的淳钧宝剑。可见“蚁鼻钱”就是指小钱，也有人认为“蚁鼻钱”之所以得名，是因为钱文的笔画特别是“桒”字钱的笔画形如蚂蚁，加之钱上有鼻状凸起，故而得名。

“蚁鼻钱”已发现的币文除“桒”外，还有“咒”“君”“行”“金”等十余种，其中“咒”字钱文极像人面，被后人称为“鬼脸钱”。“蚁鼻钱”的币文以“桒”“咒”最为难释，至今仍众说纷纭。“桒”被释为“昏垫水”“有土之本”“各六朱”“五朱”等，“咒”被释为“晋”“贝”“当半两”“贝化”等。“蚁鼻钱”相传为春秋时楚国令尹孙叔敖所制，但从新中国成立以来的出土品考察推断，“蚁鼻钱”的铸币权最初不是集中在楚国政府手里，所以币文不统一，有“君”“金”等，但数量较少。“蚁鼻钱”的铸行后期，钱文统一为“咒”字，所以，该种钱出土范围广，数量多。

二　布币

在春秋时，原始铸币布逐渐发展为“空首布”。“空首布”，一般钱币书和《辞海》解释是有銎的布币。銎字的本义就是斧子上安柄的孔。其实进一步分析，我国古代文字是由象形文字一步步发展的，古代一些物名和币名自然也是由“象形”起源的。“空”与“孔”古音相通，“空”亦是“孔”的假借字，古代人称头部为“首”。如果认真对照空首布图考究一番，就会惊奇地发现，耸肩尖足空首布有的像一种夸张的人形，头上有孔。所以，头部有孔的币——空首布，币名便形象地问世了，当然这是其中一种解释。泉史学家还有一种看法，认为布有銎的地方最初是空的，空间用来安柄做农活，空首布命名也有可能由此而来。

空首布的币面一般铸有文字，或为数字、干支字，或为天象、事物、城邑以及不易确定其意义的字或符号，如一、五、六、八、甲、丙、午、戌、日、云、雨、雪、土、工、行、金、贝、王、木、武、公、古、益、高、智等。从现存空首布的出土地点来看，洛阳、晋南和陕南一带发现较多。可见，空首布主要是春秋时周、郑、晋、卫等国的金属货币，特别是在晋国比较风行，出土比较多。

战国期间，布币首先在外形上起了变化。空首布不断地从耸肩尖足演变为平首方足，布币的锐角日趋平钝，被称为“平首布”。

△ **平肩弧足空首布　春秋**

一组三枚，分别为背“高”、背左“居”、背右“居”。

△ **“三川釿”斜肩弧足空首布　春秋**

△ **耸肩尖足大型空首布　春秋**

△ 平肩弧足空首布　春秋

△ “王氏”方足布　春秋

△ “平原”方足布　战国

△ 平肩空首布·史　春秋战国

春秋至战国早期（前8—前5世纪）周王畿内铸币，卫宋等国铸造，形制为长銎、平肩、弯弧足，钱面铭文以纪天干、地支和地名。

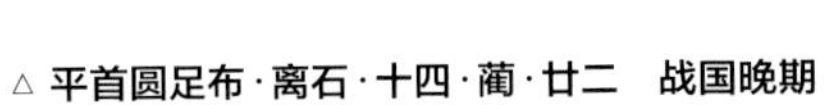

△ **平首圆足布·离石·十四·蔺·廿二　战国晚期**

战国晚期（前3世纪）左右，赵国铸币。形制为圆首、圆肩、圆裆，体态完美，行用方便，面文记地名，背文记数值。三孔布也称“三窍布”，平首及两足各有圆孔，品相端美。各布均以“两”“朱”计重铭文，开秦汉以后的币制“铢两”计值之先河。

△ **方足布·蔺·隶邑·中都·安阳·宅阳·平阳　战国中晚期**

战国中晚期流通于赵、魏、韩三地，方足布为窄小布币，流通行用范围比较广，币文多记地名。平首、方足，也称“平首布”。

△ **平首尖足布·文阳·商平·郛　战国**

战国早期（前5—前4世纪）赵国铸币，平首、尖足。币形由空首尖足布演化而来，为平首布早期形态，币文多记地名。

△ **“郻邑”方足布　战国**

△ **锐角布·涅金·卢氏涅金　战国**

战国（前475—前221）韩国铸币。涅金即大尖角布，币形平肩、方足、方裆，首部左右为锐角。

△ **钘布·殊布当　背十货　战国**

通高10.4厘米，重36.8克

◁ “齐法化”刀　春秋

三　刀币

刀币是从手工业工具刀演变而来的。春秋战国时期，齐国最早开始铸行，燕、赵两国先后在其影响下也开始铸造，在今华北地区形成一个刀币流通区域。

齐刀有6种：齐之大刀（四字刀）、安阳之大刀（安阳五字刀）、节墨之大刀（节墨五字刀）、齐建邦　大刀、即墨大刀（即墨四字小刀）、齐大刀（三字刀）。形制为削状，正面有3～6个字币文，背面有1～2个字币文或符号。

在形制上，齐之大刀、安阳之大刀、节墨之大刀的内缘与刀柄直文直平，外缘凸起，高于直文，三者属一种类型。在考古资料中，出土较少，且常有同出。因此，这三种齐刀的铸行年代相近。即墨（节墨），在今山东平度市东南，原为莱国棠地，鲁襄公六年（前567）齐侯灭莱，改名即墨，成为与临淄齐名的重邑。安阳，史载临近莒地，地在今山东半岛东部。前412年，齐伐鲁、莒及安阳后，安阳入齐。在此之后铸莒邦刀。周安王十一年（前391），田氏代齐，前386年，周安王承认田和为齐侯。这时田齐铸行节墨之大刀，背文中有开封、安邦、大昌、大行、吉等纪念内容铭文。齐之大刀、安阳之大刀与节墨之大刀不仅形制特征上有相同处，正面币文中都有介词“之”，背文中也有5～7种相同处。它们的铸造时间应接近。

燕昭王二十八年（前284），各国联合攻齐。燕将乐毅“下齐七十余城，皆

△ **锐锋刀　战国**

战国早期（约前5世纪）燕国边地铸，流通于燕北长城内外，边民交易行用，遂又称“针首刀”。

△ **圆折刀　战国·燕**

战国时期燕国铸币，为燕国主要刀币，也称“明刀”“匽刀”，圆折刀接柄处呈弧形，磬折刀接柄状曲如石磬，背文多为数字、干支。

为郡县以属燕，惟独莒、即墨未服”。在长达5年的围困战中，齐国铸造了节墨大刀和莒邦刀。节墨大刀制作粗糙，短小，质轻，一般重33～45.5克，个别仅重23～29克。

战国时期，燕国铸行了3种刀币。最初铸尖首刀，始铸于前4世纪。尖首刀有两类。一类是刀身较长，重约17～20克，大多为素面。另一类刀身略短，重15～17克，有一字铭文，内容为数词、干支、名物。

针首刀以刀尖细长而命名，通长13.8～15厘米，重14.7～16.5克。出土极少，出土地区为河北张家口、承德及辽东等地，是燕国的一种地方货币，正面多有一字铭文。

易刀，旧称明刀，缘起于刀币正面的一字铭文。该字有释莒、同盟、召、泉、匽等。此字结构由日、月组成，《说文解字》中记载，“易蜥易蝘蜓，守宫也。象形。秘书说：日月为易，象阴阳也。”前361年至前333年，燕文公自燕迁都于易，地在今河北易县燕下都遗址，《水经注》中记载，“东迳易县故城南，昔燕文公徙易，即此城也。”燕易王十年（前323），燕易王称王，始铸易刀。易刀的发展有早、中、晚三个阶段。早期易刀形制为刀身圆折，弧背弧刃，正面铭文“易”字与晚期尖首刀相似，背文文字多单字，重16～19克。中期易刀的形制仍为圆折刀身，刀身略短，正面铭文“易”字呈圆形过渡状，背文有1～2字，重14～17克。晚期易刀形制为刀身磬折，即刀背与柄部交接处呈方折形，正面铭文易字呈眼睛状，背文有1～4个字，左、右、中外加数字或其他文字。

战国时期，赵国受齐、燕货币影响，也铸行刀币。赵刀形制为圆首，直身，故称“直刀”“圆首刀”，正面有2～3个字铭文，多为记地，背文有1～2个字，通长14厘米左右，重7.4～11.9克，个别重达16.1克。

甘丹是赵国都城邯郸的省文，地处今河北省邯郸市郊。白人则是赵邑柏人的省文，地处今河北临城东南，而白刀、城白即白人刀、白人城。

楚贝的形制继承了商至战国青铜仿贝的传统，其在宋代被称为蚁鼻钱，清代古

◁ **莒冶齐化·莒冶法化　战国·燕**

战国燕攻占齐七十余城，齐襄王避莒时所造，使用期比较短。

钱家则称之为鬼脸钱。它的出土范围相当广泛，在河南、湖北、湖南、安徽、江苏、浙江、山东等地均有发现，大致为战国时期楚境。在安徽、上海、湖北等地的博物馆、文物商店均藏有楚贝铜范。

楚贝的形制为平背，正面有一圆穿及一字铭文，通长1～2厘米，重1～5.5克，个别有长4厘米，重8克，为青铜质。

币文中，桊、折是楚衡制中的计量单位。一般以贝、桊为常见，其余均少见。贝字楚贝在江苏、鲁南、皖北多有出土。据史载，楚惠王四十四年

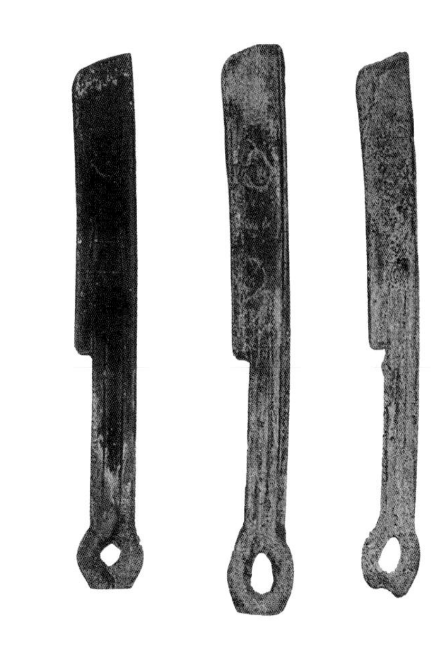

△ **直刀·甘丹·白人　战国中期**

中山国迁都灵寿地区铸币。

△ **齐明刀（博山刀）　战国晚期·燕**

长14.3厘米，重12.4克

博山刀于清代嘉庆年间首批出土于山东博山香峪村，始得名。新中国成立后曾偶有发现。近年山东青州诸地两次出土此种刀币共计二十余枚。

△ **晋化·晋化·晋半　战国晚期**

赵国晋阳地区铸币。

△ **战国　“垣”字圜钱**

面、背径4厘米

（前445），楚灭杞后，东侵至泗上。楚简王六年（前426）灭莒。楚怀王十三年（前316）灭越。考烈王八年（前255）灭鲁。在湖南长江的战国晚期墓中才出现贝字楚贝。因此贝字楚贝是楚国在战国晚期铸行的。忻字为楚布铭文，楚布背文“十货”应系指与楚贝的兑换值，故忻字楚贝的铸行年代与楚布相当，大约在楚惠王至顷襄王十五年（前488—前284）。

△ **圆孔环钱·济阴·垣·共屯赤金　战国中晚期**

四　圜钱

圜钱外周均呈圆形，中心有孔，有的为圆孔，有的为方孔。有以为圜钱是取象于环、璧的形态，亦有以为圜钱是纺轮递变而成的，其实从货币形制发展规律看，钱币向圆形递变是铸造与流通实践的必然结果，未必一定取象于某种器物，铸造圆形钱币耗工小，成品率高，圆形钱币最适合于大量和反复地流通。较早出现圜钱的为周王畿、魏国、秦国等地，至战国末期齐、燕等国都有圜钱铸行。

魏地铸行的圜钱品种较多，魏国早期铸有“垣”“共”“共屯赤金”等圆孔圜钱，直径为4厘米左右，穿孔较小，为0.65厘米左右。魏地被秦占以后，铸过“蔺”“离石”“皮氏”“济阴”“桼垣一釿”等圆孔圜钱，钱径较小，约3.2～3.6厘米，穿孔较大，约0.9～1.4厘米。

△ **圆孔环钱 · 蔺 · 一铢重一两 · 十二 · 一铢重一两 · 十四　战国晚期**

战国晚期赵国蔺邑（今山西离石）铸币。

秦早期的圜钱为圆形圆孔，以“铢”“两”为名称，有“铢重一两・十二、铢重一两・十四”等，直径约3.6厘米，穿孔直径0.8～0.9厘米，重13～15.6克，背平素，文字古朴，大多按顺时针方向绕穿孔旋置于钱面，由泥陶范或石范铸成，未见有书写完全相同的。战国中晚期，秦开始铸行“半两”钱，初作圆孔，后逐步演进为方孔。

战国秦“半两”直径与重量悬殊较大，有直径3.7厘米以上的，有重超过20克的，亦有直径仅1.5厘米的，重不足2克的，过去那种以直径大小和钱本重量来判定“半两”钱铸行的先后是不足取的。大量出土资料证明，先秦“半两”的特征主要体现在文字书写和铸造风格等方面，其文字古朴、粗放、变化幅度很大，笔画粗细不一，且高低起伏。常见有缺铜而造成个别笔画隐去，所留铸造茬口比较明显，一般无内外廓，边周与穿口加工草率，亦有不做加工的。在秦即将统一六国之际，铸造逐渐趋工整。

战国秦还铸过其他几种圜钱，有圆孔无廓素背的“半圜”，方孔有外廓的或无外廓的“两甾”，小型方孔的“长安”“文信”等钱币。

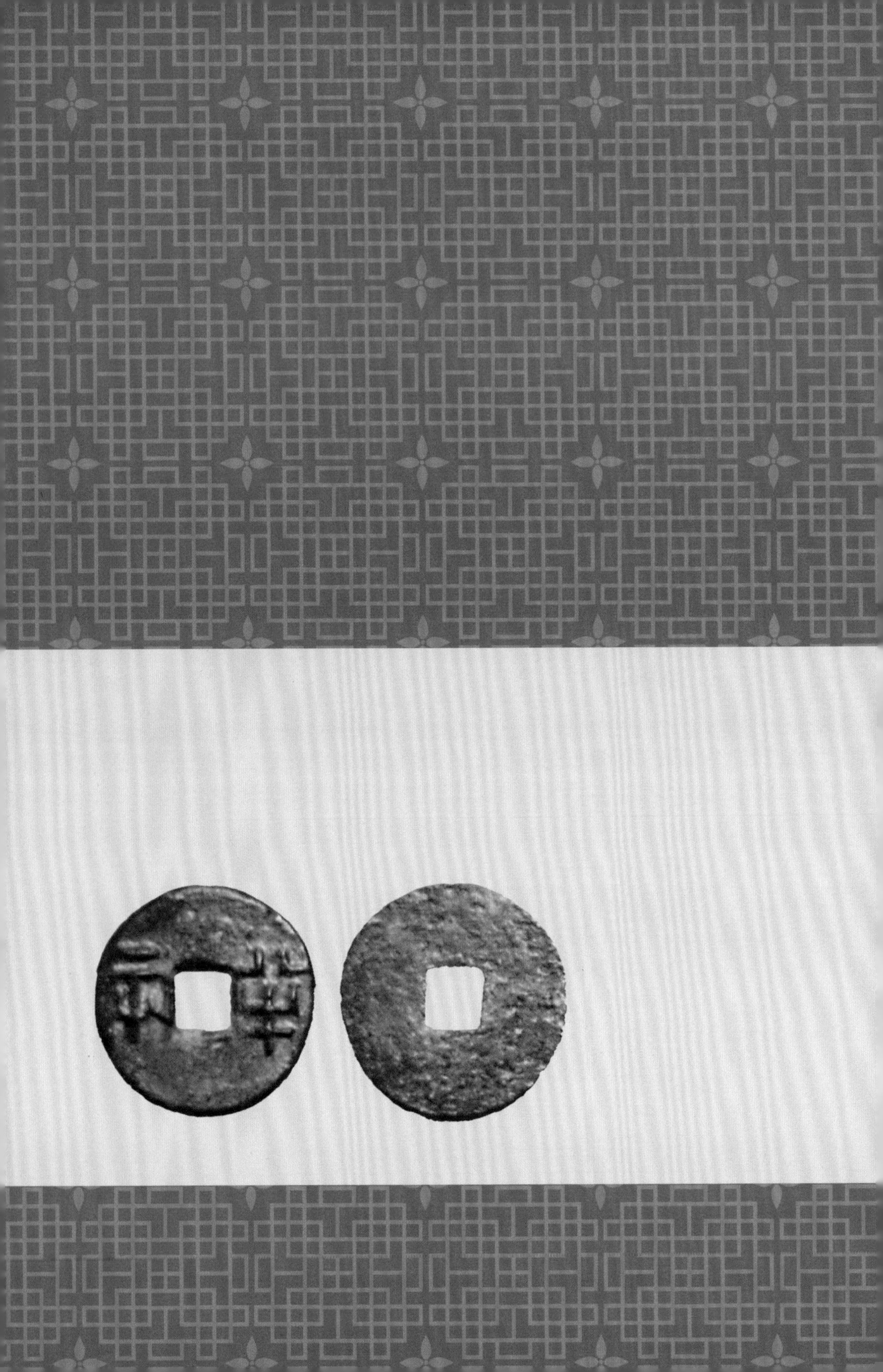

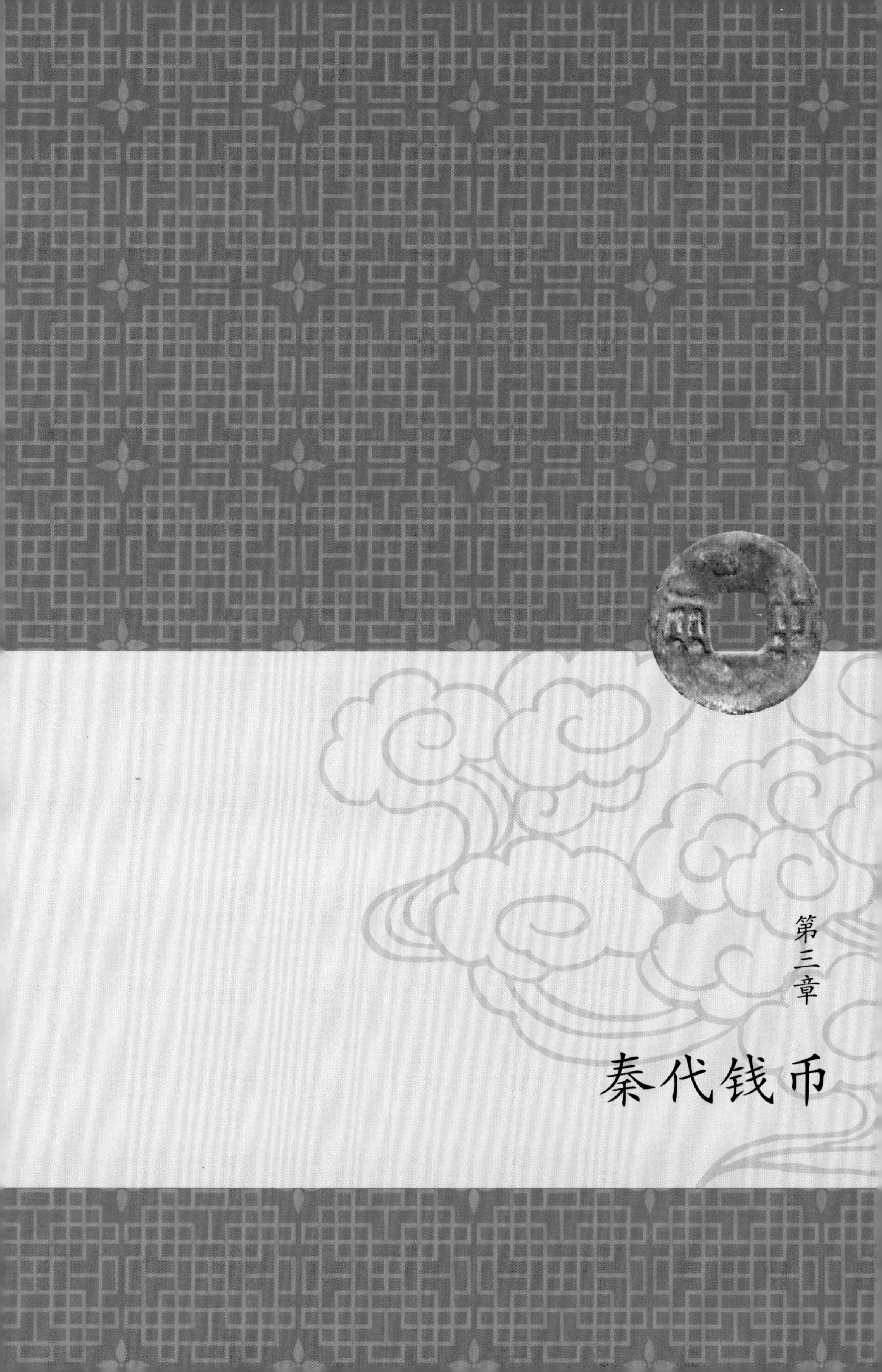

第三章

秦代钱币

战国末期，各国的钱币均有向圆形方孔圜钱演进的趋势，燕国铸有方孔的“匽化”“一化”等圜钱。齐国铸行了“益化”“益四化”“益六化”三种形成系列。其中“益化”铸行时间更早些，其余两种稍后铸行。“益化”直径约2.2厘米，重1.1～2.4克；“益四化”直径2.9厘米，重4.7～6.7克；“益六化”直径3.5厘米，重7.4～10.7克。

秦代钱币的发展历程

秦朝（前221—前206），是中国历史上第一个中央集权制国家，它是在战国时期秦国的基础上建立起来的。

秦始皇为适应新形势，在政治、经济、文化等方面创制并实行了一整套大一统的政策，货币制度的统一为其中重要的一项。

《平准书》中称：“及至秦，中一国之币为三等，黄金以溢名，为上币；铜钱识曰‘半两’，重如其文，为下币。而珠玉、龟贝、银锡之属为器饰宝藏，不为币。然各随时而轻重无常。”《食货志》的记载大体相同，不同之处只是“铜钱质如周钱”。

据文献记载和考古材料可知，秦统一货币的情况及所行制度有如下三个方面。

其一，规定了统一货币的种类与名称。

新币制规定了上币、下币二等制。贵金属黄金由于单位价值高，主要使用于上层社会，因而规定其为“上币”；以普通金属铜为币材的货币名为“铜钱”或只称“钱”，因其单位价值低，多用于民间经济活动中的小额支付，所以称为“下币”。长期以来，在一定程度上也曾担负过交换媒介的珍珠、玉石、龟甲、贝壳以及银锡等物品，则明令不再充当货币，只作为贵重物品存在了。

以黄金为代表的贵金属有体积小、价值大、质地均匀、可分可合及便于保存等优点，但它单位价值高，流通范围远不及铜钱。“下币”选用铜材，有其特定的优点，既经久耐用、易于保存，又有较丰富的资源，可以大量铸造以满足经济生活中的广泛需要。早在春秋战国时期，各国主要使用铜质货币并流通于本国及邻国之间。

其二，统一了全国货币的形制与单位。

战国时期，使用最为广泛的货币是铜钱。秦朝在战国秦半两钱的基础上，进一步将其推行到全国的范围。与刀、布币等相比，圜钱——半两钱造型合理，便于携带。“半两”既是面文，又是记重，这一单位与同时推行于全国的石、斤、两、铢等衡制相匹配，便于人们对新制的记忆与行用。秦朝统一货币制度，废止了战国后期六国旧钱，使新钱制简单划一，自此圜钱成为古代中国货币的基本形制，贯穿中国封建社会两千多年，并影响到相邻国家和地区。

其三，货币的铸造权实行政府垄断，第一次从制度上禁止民间私铸。

此点，文献虽无直接记载，但据史实分析，并证以近年出土的新资料，上述论断是无甚疑问的。《平准书》中记载，两汉初年“为秦钱重，难用，更令民铸钱”，从侧面衬托出秦时必是官铸。《云梦秦简·封诊式》中还载有一条邻里告捕“盗铸”（私铸）者的案例，这一点也能充分说明这个问题。

但是，秦钱的铸造由政府垄断并不意味着中央政府直接造币，其禁止民间私铸是统一的，但半两钱的铸造则可能采用中央及地方分铸的方式。迄今发现的秦代钱范，并非只出自秦政治中心附近，安徽贵池及四川高县出土的秦半两钱范，应该是秦朝地方铸币的物证。

秦始皇于秦始皇三十七年（前210）死于巡视途中，之后秦二世胡亥即位，颁布“复行钱”，这是秦朝再一次颁布币制及发行半两钱。秦二世复行钱的具体内容史籍阙略，但从出土材料方面看，秦二世所处的秦末所铸造的钱币可能是一种减重甚多的半两钱。

△ **半两钱　秦代**

直径3.2厘米，重8克

半两钱创于战国秦国，始皇兼并天下，推行于海内。据可确认的秦代半两钱得知，重的达10克以上，轻的仅为1克，一般直径在2.5～2.8厘米（约合秦尺1寸），重量为5克（合秦制7～8铢）左右。若在秦代半两钱中找出一个较为合适的中间值，是一件较为困难的事。

秦半两钱标准程度不高，钱肉或厚或薄，或大或小，总体上讲，要比汉代半两厚实些，边缘铸口茬多不磨，钱体欠圆，是比较粗糙的货币。

秦半两钱书体用小篆，笔画宽长，方中有圆，文字较高挺；“半”字下横及“两”字上横较短，“两”字除先秦半两中常见的“长入两”外，更多的“两”字写法中间“人”字缩短，是为“短人两”。后期形小穿广的秦半两钱中，还出现有“连山两”。秦半两质地为青铜，合金成分比例，铜约占70％，其余是铅、锡等。

1976年夏，内蒙古自治区赤峰市敖汉旗小各各召村村西约七百米处的冲沟里，发现一批秦代半两钱，其地在燕、赵长城北侧，是一处窖藏。出土的秦半两钱规整厚重，工艺颇精，最大的直径为3.3厘米，最小的直径为3.1厘米，最重的12.3克，最轻的10.2克。钱文清晰，字体瘦长，秦篆韵味十足，与一般的秦半两钱迥然有别。

近些年来，在陕西临潼秦始皇陵区的考古发掘中，共出土半两钱六百余枚，其中五处如下所述。

（1）郑庄石料加工场，是当年修建始皇陵时的临时设施。共出土半两钱二枚，均平背无肉好周廓，钱径3.3厘米，穿宽0.8厘米，重7.9克。

（2）一号兵马俑坑发掘时，于坑底部铺地砖上出土半两钱1枚，钱径2.72厘米，穿宽0.69厘米，重4.1克。

（3）上焦村秦人墓，出土半两钱1枚，钱径2.5厘米，穿宽1厘米，重3.05克。

（4）鱼池村遗址，位于始皇陵北侧，出土半两钱五百四十余枚，多数钱径在2.64～2.83厘米，重2.2～3.8克。

（5）赵背户村，在始皇陵西侧。于1979—1980年发掘修陵人刑墓葬32座。其中M29出土半两钱37枚，M32出土半两钱3枚，钱径最大者3.4厘米，最小者2.23厘米，最重者6.01克，最轻者仅1.3克略多。

雍城考古队在1977年夏秋发掘凤翔县高庄46座秦墓，其中有10座墓出土半两钱，共七百五十余枚。

高庄出土的秦半两钱，分3种，其特点有6点：①钱径中等，一般为2.5～3厘米；②重量在2.5～4.5克；③钱体较圆；④钱文仍较高，但不如战国半两钱高挺；⑤文字呈小篆，字体渐方，“半”字下平画及“两”字上平画较长，“两”字中间的两个人字形上部竖笔渐短；⑥铸口茬较窄。

1983年9月，陕西临潼县油王村西南基建工地，距地表约1米深处发现一件秦代半两铜范，近长方形，三面基本平直，一面两角为折肩，后有2厘米长的柄，通长30.9厘米，宽约10厘米，厚1.75～2厘米，重2.25千克。铜范中心有一条深约1.1厘米的内槽，两侧各有七枚钱模。钱模直径2.7厘米、穿宽0.9厘米、钱厚约0.25厘米，阳文篆字，钱文高挺。铜范的出土地点位于秦代芷阳遗址手工业作坊区内，对于研究秦代半两钱提供了很高的参考价值。

△ **半两钱　秦代**

直径3.3厘米，重约8克

第四章

汉代钱币

汉代钱币的发展历程

秦朝末年，刘邦起兵时，为筹集经费，开始自行铸钱，虽沿袭“秦半两”旧名，而实际重量仅三铢左右。前206年，刘邦攻占秦都咸阳后，为笼络人心，允许民间私铸钱，民以营利，其铸钱轻如“榆荚”，俗称“榆荚钱”。恶钱泛滥，导致通货膨胀，其时钱轻物贵，石米已值万钱，尽管不久政府下令严禁私铸，但为时已晚。西汉吕后二年（前188）新铸半两，规定重八铢，俗称“八铢半两”。4年后，又铸五分半两，钱重是半两的五分之一。五分半两有无廓和宽廓两种。

西汉文帝五年（前175）又铸有新半两钱，规定重四铢，故称“四铢半两”。此时遭受严重破坏的社会经济已经恢复，市场价格相对稳定。“四铢半两”钱沿用了五十多年后，至汉武帝元狩四年（前119）停铸。汉武帝元狩四年冬下令销“半两”，更铸“三铢”（另说武帝建元六年铸）。元狩五年春三月，武帝又令停铸“三铢”，改铸“五铢”。因郡国共铸，又称“郡国五铢”。又过了3年，制“赤仄”钱（轮廓上带赤色），以一当五，称“赤仄五铢”。到了汉武帝元鼎四年（前113），武帝将铸钱权收归中央，由上林三官统一铸造，铸工精美，钱文规范划一，笔画清晰工整，周廓圆润，以一当一，称“上林五铢”，这是中国首次集铸造权和发行权于中央政府。“五铢钱”是我国历史上使用最久且最成功的钱币。它大小轻重适度，一般直径2.5厘米，钱厚0.1厘米，重3.4克，穿径0.9厘米，形制美观，便于流通使用，钱面篆书“五铢”两字，横

△ **汉代五铢　汉代**

一组十二枚，均为传形，美品。

△ **汉代无文小钱铜母范一件 汉代**

△ **汉代五铢陶范一件 汉代**

镌刻“元凤四年造”字样，为汉昭帝元凤四年（前77）所制。

读。“五铢”钱一直用到唐高祖武德四年（621）铸“开元通宝”为止，共延用739年，而且这以后的新钱大小轻重仍是以“五铢”钱为标准。武帝“五铢”之后，汉昭帝始元六年（前81）和汉宣帝本始元年（前73）又两次大规模铸行“五铢”钱，史称这两种钱为“昭帝五铢”和“宣帝五铢”。其中“宣帝五铢”在铜质、形制及书体上是西汉“五铢”钱中最精美的。另外，1980年陕西咸阳出土有“金五铢”系方孔圜钱中最早的黄金铸币，直径2.6厘米，重9克，含金95%，形制颇似“宣帝五铢”。

武帝元狩四年前后，朝廷还采用皮币，即以上林苑中1方尺白鹿皮作价40万钱，这可以说是中国纸币的滥觞。同时，朝廷还发行过一种白金三品，即银锡合金“圆龙”“方马”“椭兔”，各有币值，这是我国法定银币之始。

西汉与东汉之交的王莽时代是中国货币制度极度紊乱的时代。王莽不懂货币经济，却进行了五次币制改革。王莽自居摄二年（7）开始“更造大钱，径寸二分，重十二铢，文曰‘大泉五十’；又造契刀，文曰‘契刀五百’；错刀，文曰‘一刀平五千’，与五铢钱凡四品并行”。始建国元年（9）罢“错刀”“契刀”及“五铢”钱更制小钱，文曰：“小泉直一”与前“大泉五十”二品并行。始建国二年，推行五物六名二十八品的“宝货制”，因其钱制繁杂，价值参差，难于行用，引起“百姓溃乱，其货不行”，不久罢龟、贝、布等品，但行大、小钱。天凤元年（14）王莽“又复申下金、银、龟、贝之货，颇增减其贾直”。地皇元年（20）罢大、小钱，更行“货布”“货泉”。这五次货币改革使当时的货币制度极度混乱，造成严重的通货膨胀。改革虽然不成功，但王莽所铸行的货币却精品颇多，以至于他被称为古代铸钱第一高手，其代表作有“金错刀”“契刀”“大泉五十”“壮泉四十”“大布黄千”“货布”“货泉”等。

“金错刀”铜质，上为方穿圆形，下为刀币形，整个形状类似一把钥匙，通长在7～7.5厘米，币环直径2.7厘米左右，重约20克，其方穿上下用黄金镶嵌篆书“一刀”二字，磨得较平，金光灿然，刀身铸有“平五千”三篆字，合起来即为“一刀平五千”，由于“一刀”二字是用黄金错成，故世称“金错刀”。此钱铸工精良，造型奇特，文字秀丽，为后世所重。“一刀平五千”表示一个“金错刀”可值五铢钱五千枚，当时黄金一斤值万钱，因此，两个“金错刀”就可以换取黄金一斤。这种大钱造成了通货膨胀，行之不久即废。

△ **次布九百·大布黄千　新莽**

△ **四铢半两·有廓半两·五分半两　汉代**

汉文帝五年（前175）至武帝元狩五年（前118）行用。

△ **王莽一刀平五千　新莽**

长7.3厘米

一刀平五千，又称金错刀，王莽铸于居摄二年（7）。钱身由刀环与刀身组成，刀环上有黄金错成的“一刀”两字，刀身上铸有“平五千”三字。熟坑无锈，表面有深褐色包浆，因长期被人收藏抚摸，所以轮廓圆浑，铜色温润。

与“金错刀”同时铸行的还有“契刀五百”和“大泉五十”，它们都是王莽第一次货币改革的产物。《汉书·食货志下》记载“契刀，其环如大钱，身形如刀，长二寸，文曰：‘契刀五百’”，大致反映了“契刀”的外形。其形状与“金错刀”类似，币环的面背内外皆有廓，正面穿右篆文“契”，穿左篆文“刀”，下面刀形中部近环处篆书“五百”阳文，字体无错金。“契刀”通长7～7.5厘米，钱体比错刀薄，重16克。根据钱文定值，一个“契刀”等于500个五铢钱。“契刀”与“金错刀”均只流通两年就被废止。

“大泉五十”始铸于新莽居摄二年（7），到地皇元年（20）停用，行使了14年之久，贯穿了王莽币制改革的始终。由于行使时间长且允许郡国铸钱，所以此钱的版式特别多，大小不一，直径一般1.3～2.8厘米不等，重量1～10克不等。钱文虽均为小篆“大泉五十”四字直读，但笔画粗细不一，仅“大泉”两字就有桥形、圆形、燕翅形、窄肩形等不同写法。钱的形制大小、廓缘宽窄，穿孔大小都有异同，铸造有厚重精美的，也有粗劣的。

王莽第三次币制改革所推行的“宝货制”，包罗“五物”“六名”“二十八品”，五物指金、银、铜、龟、贝五等币材，六名是指“泉货”“贝货”“布货”“龟宝”“银货”“黄金”。六名中有28种货币，“壮泉四十”是“泉货”六品之一。此钱每枚值四十枚五铢，钱径2.5厘米左右，钱面模铸篆文“壮泉四十”四字直读。“四”为四横，“泉”字中间断笔，字体书法工整，四字对称布局，每一币文都以正方形的穿孔等边线为基准，给人以平衡、周正的美感。“大布黄千”是“宝货制”中的“布货”十品之一，此钱也是莽钱中的精品。钱为铜质，通长5.4厘米左右，平首方足，钱身呈长方形。腰微内凹，首上有一圆穿，穿之两面及钱两面都有周廓，圆穿下至裆有一道凸起的直线，钱面模铸篆文“大布黄千”四字，笔画流畅疏朗，布局匀称得体，铸造工艺精致，但传世数量较多。

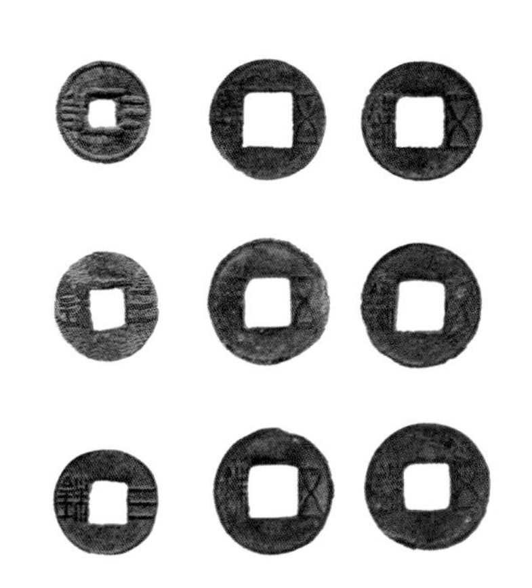

△ **三铢 · 武帝五铢　汉代**

汉武帝建元元年（前140）至元狩五年（前118）行用。

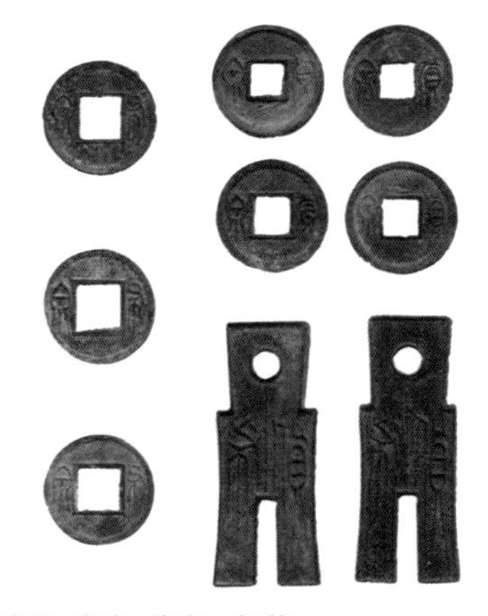

△ **货泉 · 布泉 · 货布　新莽**

王莽天凤元年（14）为王莽四次货币改制，铸币工整纤秀。

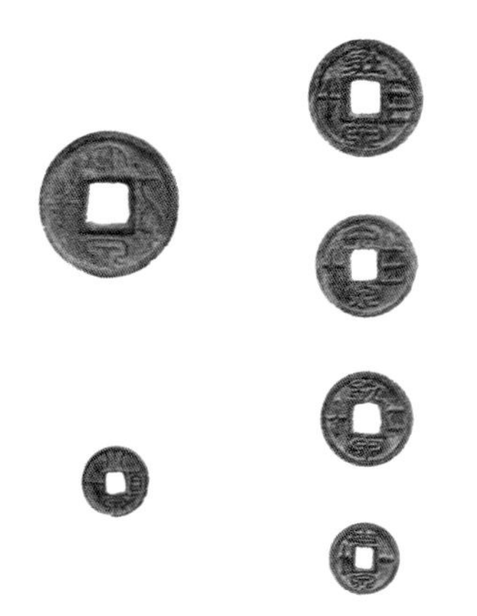

△ **大泉五十 · 壮泉四十 · 中泉三十 · 幼泉二十 · 幺泉一十 · 小泉直一　新莽**

王莽居摄二年（7）铸大泉五十，小泉直一，为二次货币改制。三次货币改制为始建国二年（10）铸“六泉”，包括“五物”“六名”“二十八品”。

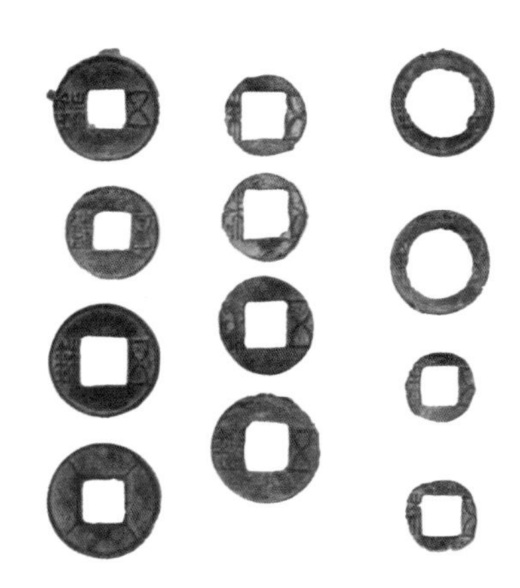

△ **前期五铢 · 四出五铢 · 磨廓五铢 · 綖环五铢　汉代**

光武帝刘秀建武十六年（40）铸行“五铢”钱，汉灵帝刘宏中平三年（186）铸行“四出五铢”。东汉中晚期錾取綖环，磨边取屑，用于回炉重铸，磨廓五铢、綖环五铢非流通行用。

王莽最后一次改革货币，废大、小泉，改用“货泉”“货布”两种，其“货泉”重五铢值一。“货泉”版制较多，有大、小之分，铜质和铸工也有良劣之别。精制“货泉”直径2.3厘米，圆形方穿，有内外廓，钱面模铸篆文“货泉”二字，字体为悬针篆，清晰工整，“泉”字中间直竖中断。由于“货泉”与“汉五铢”钱同重同值，很受欢迎，一直沿用至东汉建武十六年（40）。又据记载，东汉光武帝刘秀相信谶纬，“货泉”篆体拆开来读为“白水真人”四字，而刘秀起兵于南阳的白水乡，因此刘秀即位后，不但不废除王莽铸的“货泉”，反而铸用，长达16年之久。“货布”始铸于新莽天凤元年（14），与“货泉”同时行用。“货布”值“货泉”二十五枚，通长6厘米左右，铜质，质地精良，形体厚重，平首方足，钱身似长方形腰微束；首有一圆穿，穿及钱两面均有廓，穿及方裆间有一阳篆文钱文“货布”二字，篆法纤细秀丽，刚中蕴柔，为典型悬针篆，堪称钱文书法中的上乘之作。

新莽钱币，把中国的金属铸造工艺发展到新的高峰。“错刀”在一刀二字上嵌金，二字铸出时为凹形，嵌的黄金有一定重量，凹孔夹角必须做到相当的精度。“货布”上的悬针篆，笔画高度和宽度不超过0.03厘米，浇铸这样的钱币，效果完整不残缺，即使在今天的金属模中，除非低熔金属的压铸，否则也是不容易做到的，这是当时的钱币铸造者在长期实践中创造出的壳型铸造工艺，才有如此之杰作。在20世纪时，西方才发明和采用相类似的壳型铸造。

王莽钱币中还有一种“国宝金匮直万”，此钱以奇异的造型、珍稀的数量和巨大的面值被誉为“古泉魁首”。其实物仅两枚，一枚于新中国成立初入藏中国历史博物馆，另一枚已匿迹多年。此币在《汉书 · 王莽传》和《汉书 · 食货志》

△ **新莽货布　新莽**

中均没有记载。其形制颇为奇特，上为方孔圆形，面背均有内外廓，篆书“国宝金匮”四字，直读。下为正方形，面背均有两条竖线分成三等条格，面上中格内篆书“直万”二字，由此可知其面值为“金错刀”的两倍，值黄金一斤。此币的争议颇多，有人认为它并非货币，是镇库品，作为王莽占有数十万斤黄金的象征。也有人认为，既然币文明注“直万”，应是正式货币，只是折值太高而未正式流通。

王莽屡易货币，加速了人民的破产，其政权在农民起义的无情打击下彻底崩溃。公元25年6月，西汉宗室刘秀称帝，沿用国号汉，史称东汉。东汉初年，刘秀尚未统一全国时，割据蜀地的公孙述以铁铸半两钱，形制与文帝四铢半两相似，二当铜钱一，这是我国最早的铁钱。此时的刘秀政权尚未铸钱，仅沿用王莽的“货泉”。建武十六年（40），刘秀始铸“五铢”钱，世称“东汉五铢”，直径2.5厘米，重3～3.4克，钱文金字四点较长，钱面出现穿上下星、横文等。“东汉五铢”行用时间较长，其间没有大规模更铸新钱。“东汉五铢”有玉质冥币，1987年3月在西安市东郊一座东汉延熹九年（166）的砖室墓中出土过一枚这样的钱币。汉中平三年（186）汉灵帝铸出“四出五铢”。钱为铜质，直径2.5厘米左右，面铸篆文“五铢”两字，质地

△ **国宝金匮直万　新莽**

通高6.15厘米

上部圆泉状，直读“国宝金匮”四字，下连方座，中有篆书“直万”二字。制作精妙，然周缘肉好并不加锉磨修整，此品当为王莽实行黄金国有政策时之产物。

粗糙，许多钱体有砂眼。有外廓，有穿廓，穿廓的四周各有一条凸出的直线直抵外廓，此所谓“四出纹”。当时的东汉政权危机四伏，人民饱受剥削和压迫，老百姓就利用钱上的形象诅咒统治者，称“四出五铢”的背纹为“四出破京师”或“京师将破，天子下堂，四道而去”，是指汉家王朝就要结束了。东汉末年，董卓占领长安取秦始皇铜人铸“小五铢”，此钱制作拙劣，无内外廓，世称“董卓小钱”。由于钱面文字夷漫不全，又被讥为“无文钱”。

△ **鎏金五铢　汉代**

第五章

三国两晋南北朝钱币

一 三国两晋钱币的发展历程

1 | 三国

三国时期，货币经济的水平较两汉时要低，魏、蜀、吴三个割据政权分别建立了各自的货币制度，同时，在沿用两汉旧钱的基础上，还铸造了自己的货币。

曹魏地处中原，是古代中国的经济中心，汉末战乱，良田变成战场，市井化为废墟，“名都空而不居，百里绝而无民者”，货币经济倒退至钱货不行，只以谷帛为市的境地。后经曹操厉行屯田，社会经济逐渐恢复，到曹丕篡汉称帝时，经济状况已有一定程度的好转。黄初二年（221）三月，文帝下令复行五铢钱。这次“行钱”只是恢复历史上遗留下来的两汉五铢钱，并没有新铸。好景不长，同年十月，又“以谷贵罢五铢钱”，恢复“以谷帛为市”的旧局面。

△ **太平百钱　三国·蜀**

蜀汉昭烈帝刘备汉中称帝时（221），铸行钱“太平百钱”，意喻太平，钱值当“百钱”。

△ **三国蜀太平百钱背水波纹一枚　三国·蜀**

魏明帝太和元年（227），以谷帛为市的弊端日益显露，市易中“竞湿谷以要利，作薄绢以为市，虽处以严刑而不能禁也”。司马芝为首的一些大臣以为恢复用钱，不但可以富国，而且还可以省刑。魏明帝接受建议，恢复钱法，以韩暨为监冶谒者，更铸新五铢钱。“曹魏五铢”承袭汉制，仍以“五铢”为文，并作为基本单位。从此后的西晋亦沿用“魏钱”，曹魏时，五铢钱的铸造量应该是较大的。1998年《文物》中发表的文章，认为有一种制作粗糙、钱体轻薄、外廓侵压钱文，不加修整的五铢，是曹魏五铢。随即有人指出，这种五铢早在曹魏以前即已存在，尚难断定即属曹魏五铢。然而，这一新说对曹魏五铢的研究向前推进了一步。

曹魏始终劝农屯田，厉行节俭，经济实力雄厚，币制也比较稳定，这为西晋统一全国创造了良好条件。

蜀汉在三国中地处西南边陲，民寡国弱，并自始至终都承受着巨大的军费开支，因而，它实行一种虚值的“大钱”政策。

先主刘备初取巴蜀，因军用不足十分忧心。时为西曹掾的刘巴建议铸造“直百钱”“平诸物价，令吏为官市”。刘备遂于建安十九年（214），广铸直百钱，

△ **三国蜀太平百金　三国·蜀**

△ **大泉五千　三国·吴**

直径3.1～4.1厘米，重10～14.5克

△ **直百五铢·直百·定平一百·魏五铢·蜀五铢　三国**

蜀汉昭烈帝及后主（214—263）刘备采纳刘巴建议，铸行“直百五铢”。后期蜀钱“直百”为民间所铸。“蜀五铢”为汉昭烈帝及后主所铸。“魏五铢”为魏文帝曹丕黄初二年（221）所铸。

△ **三国吴大泉当千小样一枚　三国·吴**

△ **三国吴大泉当千厚型一枚　三国·吴**

“以数月之间，府库充实”。

蜀汉直百钱面文有“直百五铢”及“直百”两种。当时，地处通往西南通道上的益州犍为郡，也铸造了一种背有“为”字的直百五铢钱，是为圜钱背文记地之始，“为”字表示犍为郡名。

三国时孙吴的统治区域开发程度仍不高。江南部分地区还存在火耕水耨、饭稻羹鱼的原始状态。经济落后及物资的匮乏致使孙吴上层统治集团在铸币上动脑筋。早在汉献帝建安七年（202），周瑜便建议孙权“铸山为铜，煮海为盐”。同时，或兼有出于对上游邻国“大钱政策”的抵制，孙吴步蜀汉后尘，实行一种更超过蜀汉的巨额大钱政策。

吴大帝嘉禾五年（236）铸造“大泉五百”铜钱。其时，“诏使吏民输

△ **太平百钱 三国·蜀**

△ **三国蜀太平百钱背水波纹四枚 三国·蜀**

铜，计铜畀值”，并设惩治私铸法令，开始建立自成一系的孙吴币制。到赤乌元年（238）前后，吴国的商品经济有了进一步的发展，江南世家豪族多兼营商品。因此，扩大钱币的铸造流通，就成为吴国统治者的当务之急。

赤乌元年（238），孙权采纳谢宏建议，铸造“大泉当千”，用以“广货”，增加货币数量。1975年10月，江苏省句容县葛村发现了孙吴铸钱遗址，出土了一批铸废的大泉五百、大泉当千钱和泥制叠铸子范。这种泥制叠铸子范每层铜钱四枚，约有二十余层，每铸一次，可铸钱百余枚，可见孙吴的铸币水平已达到较高的程度。巨额大钱的铸造，致使孙吴通货名实不符，“但有空名，人间患之”。赤乌九年，孙权“闻民意不以为便，其省息之”。下令将民间大钱收回，改铸为器物，国家库存大钱也不再往外发放。

孙吴铸币，还见有“大泉二千”“大泉五千”两种，据认为，也是赤乌年间铸造的。这两种钱传世不多，而大泉当千则常见出土，或许赤乌九年孙权下令收回的是后两种大钱。按道理讲，孙吴此时的经济正处繁荣阶段，废掉占通货比例甚大的“当千”钱，实际是困难的。孙吴铸造的大钱，晋代史书常有提及。

2 两晋十六国

两晋时期，是中国货币发展史上的低谷阶段。这期间，经济生活及朝廷赏赐多使用谷物布帛等实物，钱币的使用处于次要地位。

在两晋百余年时间里，未见有官方铸钱记载。西晋沿用曹魏五铢，“不闻有所改创”；东晋元帝过江，主要用孙吴及蜀汉旧钱。当时，大的称“比轮”，指的是“大泉五百”“大泉当千”一类；中样的叫“四文”，可能是指蜀汉的“直百五铢”和“太平百钱”；小钱指“剪轮五铢”和“沈郎钱”。沈郎钱为吴兴沈充私人铸造。沈充曾支持王敦叛乱，明帝太宁二年（324）王敦病死，沈充亦被杀，所以沈郎钱当铸于此前。他铸造的钱据文献记载是一种轻薄小钱，面文“五朱”，铜质很差，颜色青白，唐人李贺《残丝曲》中有“榆荚相催不知数，沈郎青钱夹城路”之句。出土的魏晋南北朝时期的钱币中这类小钱甚多见，但并非全是沈充铸造的。

西晋末年，发生了史无前例的民族大动乱，中国北方进入一个五胡十六国时期。在长达一百三十余年的时间里，各民族建立的走马灯式的割据政权也铸造过一些为数不多的钱币。

割据河西的张氏前凉政权在张轨当政时（312—316），采纳太府参军索辅建议，恢复五铢钱，铸造钱币，“以济通变之会”。自晋武帝泰始年间便以布帛为货币的河西地区，此时又恢复用钱，史称“民赖其利”。

北凉沮渠蒙逊铸造过“凉造新泉”钱，传世数量不多，是圜钱中最早的“国号钱”。

东晋元帝大兴二年（319），羯族石勒建立后赵，曾铸造过“丰货”钱。当时，中原战乱，民间困乏，后赵令公私行钱，“而百姓不乐”。尽管石勒采取出公绢市钱的办法，限中绢卖一千二百钱，下绢卖八百钱，用以推广用钱及保障新钱币值，但终因形势不适，“百姓私买中绢四千、下绢二千，巧利者贱买私钱，贵卖于官”，从中渔利。虽对渔利者处以极刑，但用钱还是未能广泛推开。

东晋成帝咸康四年至康帝建元元年（338—343），成汉在成都铸造过“汉兴”小钱。

世传有“大夏真兴”钱，是匈奴族赫连勃勃夏真兴年间（419—425）铸造的钱币。

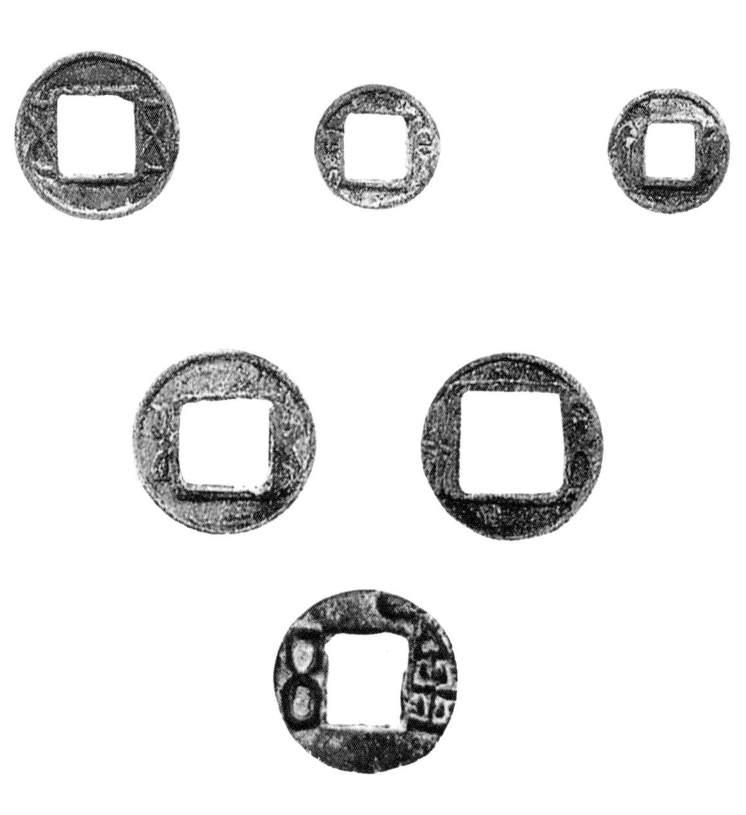

△ **沈充五铢　东晋**

沈充于东晋元帝时，铸于吴兴，也称“沈郎五铢”。五五、货货、泉泉为异品钱。

二 南北朝钱币的发展历程

晋元熙二年（420）六月，刘裕称帝，建元永初，废晋帝为零陵王，东晋亡。不久，北魏统一北方，与南方形成对峙局面，史称南北朝。

1 南朝钱

南朝时，江南经济有了较大发展，货币的铸造及使用范围较两晋时期大为增加，呈一种日益扩大的趋势。

（1）四铢

宋文帝元嘉七年（430），朝廷面对钱币短缺、国用不足之局面，设立钱署铸钱，文曰“四铢”，重如其文，较五铢钱减轻了五分之一。钱行不久，民间多有盗铸。

元嘉中后期，刘宋进入了鼎盛时期，社会经济的发展导致对钱币的需求日益增多，而通货量不足，致使“民间颇盗铸，多剪凿古钱”。元嘉二十四年（447），针对以上现象，江夏王刘义恭拟议“以大钱当两”，即以传世五铢钱一枚，当新铸四铢钱二枚，一方面用以增加货币量，另一方面以此扼制民间的剪凿之风。然而这种政策并未收到预期效果，次年，国家以“公私非便”罢去。

（2）孝建四铢

孝武帝孝建元年（454）改铸“孝建四铢”钱，钱文面铸“孝建”二字，背面仍为“四铢”。孝建四铢并不足值，钱体薄小，轮廓不成。流通后，民间盗铸者蜂起，杂以铅锡。从出土窖藏看，当时的钱币，不仅旧钱多被剪凿，新铸的孝建四铢钱也难逃剪凿厄运。此后，钱制愈益滥恶。

△ 孝建四铢　南朝·宋

直径2.1厘米

（3）孝建

孝建四铢钱后除去背文“四铢”二字，只留“孝建”年号二字，遂有孝建钱背无文者，重量同于孝建四铢，但形制略小，也是孝建年间所铸。

（4）大明背四铢

孝武帝大明元年（457），铸“大明四铢”钱。系据出土品考定，为旧谱所不载之新品。

△ **大明四铢　南朝·宋**

大明四铢为平钱，存世绝少，已知仅数枚而已。面文“大明”二字，既含薤叶篆的韵味又有玉箸篆的特点，与“孝建四铢”风格有同有异，其钱径与初铸的孝建四铢相仿，直径约2.2厘米，重2克左右，穿孔大而钱肉薄。与孝建钱不同之处在于或面或背内穿处有“四决”文，而孝建四铢这种现象并不多见。

（5）永光

前废帝刘子业永光元年（465），面对无法抑制的民间盗铸之风，政府公然开“百姓铸钱”之门，让人民自供铜料，在官方的钱署鼓铸二铢钱。“由是，钱货乱改，一千钱长不盈三寸，大小称此，谓之鹅眼钱，劣于此者，谓之鹅环钱，入水不沉，随手破碎，市井不复料数，十万钱不盈一掬，斗米一万，商货不行”。旧谱载有文曰“永光”的小钱，即是此时所铸造的二铢钱。

（6）景和

数月后，改元“景和”，又铸文曰“景和”的二铢小钱，大小与永光钱同。民间私铸品则更劣小，“无轮廓，不磨鑢”，钱币的滥恶程度已接近丧失钱币意义的边缘。

刘宋末年，恶钱成灾，社会骚动。明帝意欲整顿钱币，继位后禁用鹅眼、綖环钱及禁止民间铸钱，官方亦停止铸钱。泰始二年（466）又断新钱，专用古钱。

萧齐立国，实行货币紧缩政策，在其统治的二十余年间，史载仅铸过一次为数不多的钱币。

武帝永明八年（490），益州发现铜矿资源，朝廷遣使入蜀铸钱，得钱一千多万，因成本过高而作罢。这次铸钱的形制特征史册不载，可能也是一种面文“五铢”的钱。

萧梁之初，准京师及长江沿岸的州郡用钱，其余州郡则杂以谷帛交易，岭南不用钱，只用金银。

△ **景和**

南朝宋前废帝刘子业永光元年行铸“永光”钱，铸行数月即改元“景和”，由官府颁布标准式。改元后三月废帝遇害，“永光”“景和”钱，因此存世稀少。

梁武帝天监元年（502），铸造“天监”五铢及“公式女钱”，二品并行，除新钱外，民间仍用太平百钱、定平一百、丰货、五铢雉钱、对文五铢等“古钱”，形制混杂，轻重不一。国家虽多次下令“非新铸二种之钱，并不许用”，但民间使用“古钱”仍有增无减。

（7）铁五铢

普通四年（523），又尽罢铜钱，用新铸钱五铢钱，其意盖在整顿钱币，但时人以铁易得，铸钱利厚，一时私铸大起，币值惨跌。“大同以后，所在铁钱遂如丘山，物价腾贵，交易者以车载钱，不复计数，而惟论贯。”从此不足额钱大行，称“短陌”，旧用足额钱称“长钱”，钱法大坏。

（8）二柱五铢

元帝即位后，恢复铸造铜钱，一枚当铁钱十枚，所铸钱史书未有明文，前人认为是面穿上下有两个星点的五铢钱，即所谓“二柱五铢”或“二柱钱”。

（9）四柱五铢

敬帝太平元年（556）进一步扩大铜钱的使用范围，诏天下“远近并同，杂用今古钱”。次年四月，又铸“四柱五铢”钱。初起一当小钱二十枚，不久，又改作当十。四柱五铢铸行了一段时间后，复下令禁用民间各类劣质小钱，只准使用新钱。

从出土的萧梁钱范来看，当时还铸造过背出四文的“大吉五铢”“大富五铢”和“大通五铢”等。

陈朝时期，钱货滥恶，此时，铁钱已退出流通领域，交易中流通的多是私铸鹅眼钱及前朝“二柱”“四柱”钱，轻重不一，换算繁难，时人在用钱的同时，间或仍以粟帛交易。

△ **二柱五铢 · 四柱五铢 · 太货六铢 · 六铢 · 太和五铢**

梁元帝承圣年间（552—555）铸“二柱五铢”钱，二柱同值一准十。梁敬帝太平二年（557）铸“四柱五铢”，四柱同值二枚二柱。陈宣帝太建十一年（579）铸“太货六铢”，与五铢并行当十。北魏孝文帝太和年间（477—499）铸“太和五铢”。

（10）天嘉五铢

陈文帝天嘉三年（562）整顿币制，改铸五铢钱，即“天嘉五铢”。“天嘉五铢”制作精整、厚重，一枚当鹅眼钱十。

（11）太货六铢

宣帝太建十一年（579）新造“太货六铢”钱，文字、铜质、铸工都极精美，一枚当“陈五铢”十枚，二品并行。因太货六铢是不足值的“大钱”，人民拒用，“后还当一”。史载钱行后，“人皆不便，乃相与讹言曰：六铢钱有不利县官（皇帝）之象。未几而帝崩，遂废六铢而行五铢，竟至陈亡”。

2 | 北朝钱

北朝政权也铸造过钱币，大体上比南朝略好，北朝最早的钱币是北魏孝文帝时期所铸造的。

北魏是游牧民族鲜卑族拓跋部所建立的国家。北魏初期，经济文化均处于较为落后的状态。孝文帝继位后，大力改革，推行汉化措施，并开始铸钱。

（1）太和五铢

孝文帝太和十九年（495），北魏开始铸造钱币。《魏书 · 食货志》载：

“（太和）十九年冶铸粗备，文曰‘太和五铢’。诏京师及诸州镇皆通行之……在所遣钱工，备炉冶，民有欲铸，听就铸之，铜必精炼，无所和杂。”官民共铸的太和五铢轻重不等，厚重者如两汉五铢钱，但文字及工艺均较粗糙。此时，北朝经济与南朝相比仍处于落后状态，市易用钱尚不普遍，太和五铢钱铸造的数量也不太多。

（2）永平五铢

到了宣武帝时，社会经济有了发展，钱币的使用范围较前扩大。永平三年（510）改铸“永平五铢”，文曰“五铢”。随着货币经济的复苏，民间盗铸现象也不断增多。

（3）永安五铢

孝庄帝继位之初，钱益薄小，有鸡眼、环凿等名目。有的钱薄似榆荚，上贯即破，入水不沉。永安二年（529），朝廷改铸“永安五铢”钱，用以整顿滥恶的币制。为推行钱币的使用及提高币值，初行钱时，官方还曾以低于市价的价格抛售绢帛，其结果造成私铸蜂起，“永安钱”币值亦随之大跌。

北魏分裂成东魏、西魏之后，高氏掌握实际统治权的东魏仍沿用“永安五铢”钱。孝静帝武定元年（543）曾有铸造，钱文形制基本未改变。

东魏时期，币制同其政治一样混乱，上起中央朝廷，下至地方臣民，有条件的都在铸钱。孝静帝兴和三年（541），有雀衔永安五铢钱置权臣渤海王高欢面前，高欢子高澄则借此设百炉别铸所谓的“令公百炉钱”。王则任洛州刺史时，毁佛像以铸币，号称“河阳钱”。时有雍州“青紫”，梁州“生厚”“紧钱”“吉钱”，河阳“生涩”“天柱”“赤牵”等。这些冠以各种别名的钱，都是质地特征各自不同的“永安五铢”钱。

（4）大统五铢

西魏钱制，比东魏好一些，初期亦沿用永安五铢。

文帝大统六年（540），改铸“大统五铢”，形制文字都由永安五铢钱脱胎而来，钱文去“永安”，仅存“五铢”二字，形制似永安五铢钱，面穿右侧多一竖画，阔缘，文字篆书近方形，“五”字交股直笔，上下横笔连廓，“铢”字金旁为“歪头金”，“朱”字上下笔为方折，比例相当。1984年12月陕西咸阳发掘西魏侯义墓中出土五铢39枚，径2.5厘米，葬于大统十年（544），由此可知此类五铢确是大统六年西魏所铸。旧谱多误为隋五铢，或隋开皇三年置样五铢，实皆不是。

（5）常平五铢

北齐文宣帝天保四年（553）始铸。

《北史·齐本纪》中记载，（天保四年春正月）“乙丑，铸新钱，文曰‘常平五铢’。”《隋书·食货志》中记载，“文宣受禅，除永安之钱，改铸常平五铢，重如其文。其钱甚贵，且制造甚精。至乾明、皇建之间，往往私铸。……武平以后，私铸转甚，……至于齐亡，卒不能禁。”

常平五铢，面文四字，顺读，篆书，制作颇精，虽大小不一，但枚枚俱字文清晰，轮廓整齐。其“平”字上横与穿下缘平行互借，看上去似一横廓，此法为近代篆刻家据以入印。钱径2.5厘米，重3.4～3.6克，是北朝钱中存世较多的一种。1979年，山东省博兴县崇德出土常平五铢6.25千克，钱径2.4厘米，重4.1克。

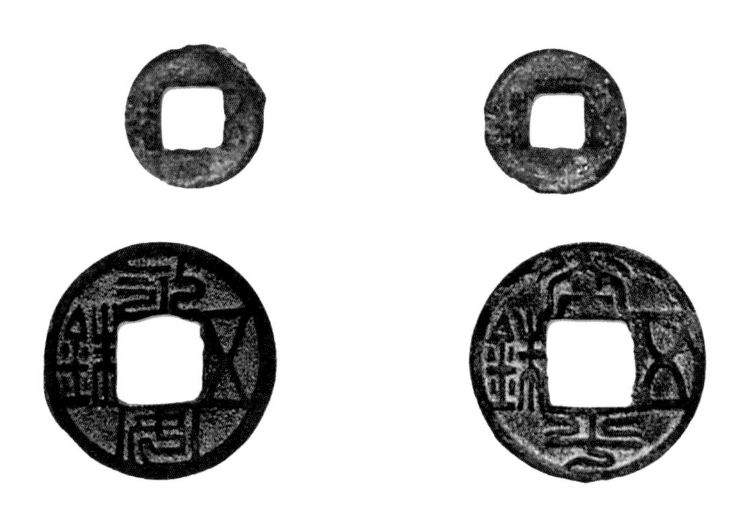

△ **鸡目五铢·永安五铢·常平五铢　北魏**

北魏孝庄帝永安二年（529），铸“永安五铢”。北齐文宣帝高洋天保四年（553）铸“常平五铢”。六朝时多劣小五铢钱，南朝称“鹅眼五铢”，北朝称“鸡目五铢”。

（6）布泉

北周武帝保定元年（561）始铸。

《周书·武帝纪》中记载，“（保定元）秋七月戊申……更铸钱，文曰‘布泉’，以一当五，与五铢并行。”《隋书·食货志》中记载，“及武帝保定元年七月，乃更铸‘布泉’之钱，以一当五，与五铢并行。……（建德）五年正月，以‘布泉’渐贱而人不用，遂废之。”

“布泉”钱面文“布泉”二字，玉箸篆，在穿右左，顺读，制作精整，篆法秀美，与“五行大布”“永通万国”合称“北周三泉”铸工皆精，列为六朝铸钱之冠。“泉”字中竖不断，有别于王莽布泉，肉好周廓，笔画浑厚。钱径2.55～2.6厘米，穿径0.8厘米，重4克上下。

（7）五行大布

北周武帝建德三年（574）始铸。

《周书·武帝纪》中记载，“（建德三年六月）壬子，更铸‘五行大布’钱，以一当（布泉）十，与布泉并行。”

五行大布钱，亦为“北周三泉”之一。钱文四字，玉箸篆，顺读，面背肉好周廓，笔画浑厚。钱直径2.3～2.8厘米，穿径0.9厘米，重2.1～4克，有合背钱。

△ **永通万国·五行大布·布泉　北周**

北周静帝宇文衍大象元年（579）铸“永通万国”币，武帝建德三年（574）铸“五行大布”，武帝保定元年（561）铸“布泉”。称之为“北周三大美泉”。

（8）永通万国

北周静帝大象元年（579）始铸。

《隋书·食货志》中记载，“……大象元年十一月，又铸永通万国钱。以当（五行大布）十，与五行大布及五铢，凡三品并行。”

永通万国钱，是“北周三泉”中之最精美者。面文玉箸篆，顺读，书法绝工。形制一如布泉及五行大布。钱径3.1厘米，穿径0.9厘米，重5克。有私铸者钱体缩小，但钱文亦佳。有阔缘者，形制与常品稍异，又有合背钱。

永通万国钱是一当五铢五万枚的虚值大钱，民不乐用，且在隋开皇时多被熔毁，传世不太多。

（9）龟兹五铢

魏晋南北朝时期，西域古龟兹国所铸。钱体用外圆内方形式，是受内地钱的影响所致。

龟兹圜钱，又称“汉龟二体钱”“汉龟二体五铢”，约铸于3世纪至7世纪中叶。我国学者首次在北京发现此钱，时为清道光二年（1822）。1928年，又在新疆库车发现，近年来在库车、轮台、巴楚等地均有出土。1984年6月，仅库车发现的就多达一万余枚。

龟兹五铢系红铜浇铸，工艺不精，形制为圆形方孔，狭缘广穿，薄肉；内廓、外廓有不整齐现象，或经锉磨修整。面文龟兹文，背文篆书“五铢”二字，或穿上下为龟兹文，穿右左为篆书“五铢”，背无文。龟兹文“໑”“○”二字，前者意为“五十”，后者尚未能释，估计当为单位名称。汉龟二体五铢版式多样，大小不一。钱径1.3～1.8厘米，重0.9～1.8克。间或有仅为“五朱”的小钱。

第六章

隋唐钱币

一 隋朝钱币铸行概况

隋承南北朝战乱之余，货币经济衰退，钱币制度紊乱，隋建立后不久，北方还流行北周、北齐旧钱。如北周的五行大布、永通万国钱，北齐的常平五铢钱。开皇四年（584）诏："仍依旧不禁者，县令夺半年禄。"然而，百姓习用既久，还未能禁绝。五年，又加严禁，钱币始归统一，各地流通，百姓称便。这时，行用的钱，都要和以锡镴，锡镴既贱，求利者遂多私铸，不可禁止。同年，诏禁出锡镴之处，不得私自采取。九年，平陈。十年，诏晋王广，听于扬州立五炉铸钱。其后，奸狡又起，磨𨭚钱廓取铜，以资私铸，又杂以锡，互相仿效，钱遂轻薄，乃下诏禁恶钱，并于京师及诸州邸肆之上，皆令立榜置样为准，不中样者不得入市。十八年，诏汉王杨谅于并州（治今山西省太原）立五炉铸钱。与此同时，以江南民间钱少，晋王杨广请于鄂州（今湖北省武昌）有铜矿处，置十炉铸钱；蜀王杨秀于益州（今四川省成都）立五炉铸钱。时钱益滥恶，乃令有司回收天下邸肆所有现钱之非官铸者，有被官所执而死者。数年之间，私铸转少。大业以后，纲纪紊弛，巨奸大猾，遂多私铸，钱又转轻薄。初，每千犹重二斤，后渐轻，只重一斤，或剪铁锞，裁皮糊纸以为钱，相杂用之，钱贱物贵，以至于亡。

◁ **隋五铢　隋代**

隋文帝杨坚开皇元年（581）铸隋五铢，也称"开皇五铢"，即以样钱为准，查验后方可入铸，又称"置样五铢"。

△ **隋五铢　隋代**

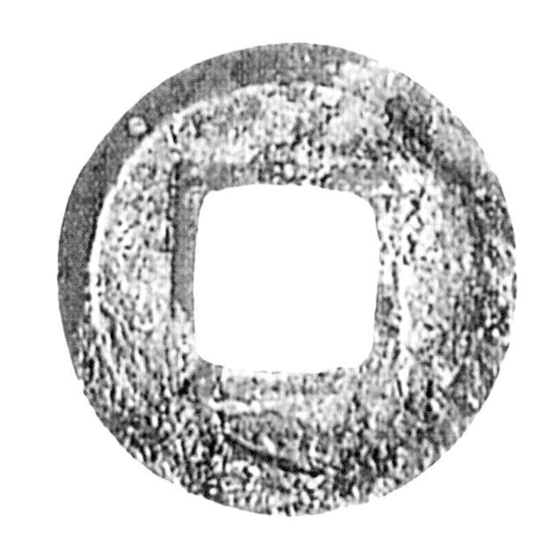

△ **隋五铢　隋代**

面、背径2.3厘米

二 唐朝钱币的发展历程

唐初，沿用隋代旧钱。武德四年（621），唐高祖李渊始铸开元通宝钱。在中国货币史上，开元通宝的铸行意义极其重大。首先，建立了通宝钱体制。结束了自先秦以来的记重货币体系，货币铸行政策上废除了“重如其文”的概念。开元通宝的币文、重量和形制成为后代铸钱的规范，一直沿用到民国初年，甚至影响到邻近国家，如日本、朝鲜、越南等。其次，开元通宝钱径八分，重二铢四参，积十钱重一两，一千文重六斤四两，对中国衡制有重大改革，秦统一度量衡后，以一两为二十四铢。唐以开元通宝钱的十枚钱重为一两，使我国衡制改变为一两重十钱，并沿用到近现代。第三，根据考古资料，唐衡制一两约合41～42克，与标准唐开元通宝钱重约4.1克相吻合，按照文献记载开元钱“径八分”，唐代大小二种尺，12.5枚开元钱长唐一大尺，可知唐开元钱标准长度为2.46厘米。

史载开元通宝钱由给事中欧阳询制词，其文以八分、篆、隶三体。因个别史书如《唐书》《唐六典》等有记载钱文读法为“开通”“开通元宝”，后世的学者有认为钱文本为“开通元宝”，后误读“开元通宝”。《旧唐书·食货志》有一段记载详细阐述了开元通宝的钱文读法：“初，开元钱之文，给事中欧阳询制词及书，时称其工。其字含八分及隶体，其词先上后下，次左后右读之。自上及左回环读之，其义亦通，流俗谓之开通元宝钱。及铸新钱乃同流俗，乾字直上，封字在左，寻寝钱文之误。”

开元通宝的铸造时间可延续到五代十国，铸造数量庞大，官府铸造有中央、地方政府、诸王及大臣赐炉之别，而自初唐就有私铸钱，所以开元通宝的分期断代是继半两、五铢之后的第三大难题。现在，将唐代钱币分为四个时期加以叙述。

第一期：621—666年

武德四年七月，废五铢，铸开元通宝。在洛、并、幽、益等州置钱监。秦王、齐王各赐三炉，右仆射裴寂赐一炉铸钱。次年五月，桂州置监铸钱。贞观二十三年（649），置铸钱官。

考古资料中，这一期出土的开元通宝钱的纪年唐墓有唐吴王妃杨氏墓（637）、昭陵长乐公主墓（643）、长安韦几墓（647）、四川万县冉仁才夫妇墓（654）、唐郑仁泰墓（664）等。所出土的开元通宝钱的版别以钱文“元”字第一笔短横、第二笔左挑的占多数。这种版别称“短横左挑元”。可以肯定这种版别始铸于武德四年。长乐公主墓出土短横左挑元开元钱中，有一枚背穿左、下各有一仰月。这期的第二种版别特征是“元”字第一笔稍长，第二笔左挑，称“中横左挑元”，始见于韦几墓，后见于郑仁泰墓，这种版别应始铸

△ **开元通宝　唐代**

于贞观年间晚期。本期的官铸开元通宝钱制作精美，是重要的时代特征，月纹出现也较少，位置不固定。

武德四年规定盗铸者处死，家属配没，私铸惧于严法而暂停。后私铸渐起，显庆五年（660）九月，政府禁用恶钱，以一文好钱收兑五文恶钱，后改二文，仍无法禁止恶钱。这时私铸恶钱已有一定规模，钱重和制作均差于官铸钱。

第二期：666—757年

乾封元年（666）五月，改铸乾封泉宝钱，钱径一寸，重二铢六分，一枚当十枚旧钱。次年正月，因货币改革后商贾不通，米价、帛价上涨，高宗罢乾封泉宝，令所司贮纳，天下置炉处仍铸开元通宝钱。初铸的乾封泉宝钱形制为宽缘大样，钱文环读，直径2.63～2.7厘米，重4.9～5.3克，最重达7.3克。后铸有小样，有直径2.36厘米，重2.75克，版别有面宝下星、背左立月、鎏金钱等。

乾封二年复行开元通宝钱后，私铸大盛。起初，政府仍采取严禁，针对在舟筏中私铸的情况，规定逮捕船中有百斤以上铜、锡鑞者。多次收缴恶钱，乾封二年，诏令京师纳恶钱。

调露元年（679），令东都洛阳粜一斗米粟须另纳百枚恶钱，交少府司农销毁，并暂停少府铸钱。永淳元年（682），又加重惩处，规定私铸者抵死，邻保里坊村正都从坐。但是滥铸恶钱之风并没有得到抑制，武则天统治时期，“钱非穿穴及铁锡铜液，皆得用

△ **开元通宝　唐代**

△ **突骑施钱·牟羽可汗钱　唐代**

唐肃宗、代宗朝回纥牟羽可汗铸钱。

之。熟铜、排斗、沙涩之钱皆售。自是盗铸蜂起，江淮游民依大山陂海以铸，吏莫能捕”。先天元年（712）唐玄宗即位时，“两京钱益滥，郴、衡钱才有轮廓，铁锡五铢之属者，皆可用之。或熔锡摸钱，须臾百十”。该年九月，谏议大夫杨虚受上疏京城用好钱，未被采纳。

△ 开元通宝（金质） 唐代

开元年间，唐朝用各种措施整顿货币。开元六年（718）正月，禁断恶钱，流通重二铢四参已上旧钱。宰相宋璟遣使分道捡拾，销毁诸道及民间私铸恶钱。后又出米十万石、好钱、布绢杂物博取恶钱。开元十七年，诏令中央加铸好钱，禁断私卖铜锡。开元二十年，令一千钱重六斤四两为标准，禁止恶钱。开元二十六年，诏令宣、润等州置钱监。约在天宝年间初期，盗铸又起，“广陵、丹杨、宣城尤甚，京师权豪岁岁取之，舟车相属。江淮偏炉钱数十种，杂以铁锡，轻漫无复钱形。公铸者号官炉钱，一以当偏炉钱七八，富商往往藏之，以易江淮私铸者。两京钱有鹅眼、古文、延环之别，每贯重不过三四斤，至剪铁而缗之”。天宝十一年（752）正月，勒令出钱三十多万贯在西京两市换取恶钱，因无法抑制恶钱，遂勒令除铁锡、铜沙、穿穴、古文等，其余仍可流通。当时官炉铸钱已达九十九炉，其中绛州三十炉，扬、润、宣、鄂、蔚各十炉，益、邓、郴各五炉，洋州三炉，定州一炉。每炉年铸3 300缗，共铸32.7万缗。

第三期：758—845年

天宝十四年（755），爆发安史之乱，洛阳、长安两京相继被安禄山攻陷，唐朝政府财政窘困。乾元元年（758）七月，御史中丞、铸钱使第五琦奏准改铸乾元重宝钱，钱径一寸，每缗重十斤，以一当十枚开元通宝，与开元通宝参用。乾元重宝，隶书直读，阔缘。大样直径2.9～3.05厘米，重7～9克。中样有直径2.34～2.67厘米，重5.6克，版别有白铜钱、背下月、面一星、背右月、背双月、背左月、背上云、背右上云、背下云、背下雀、背左雀，背上十、合背等。更有一种小样钱，直径2.3～2.6厘米，重2.8～4.5克。版别有广穿、背下俯月、背上仰月、背上月、背上俯月、背右月、背左月、背双月、背上下月、背上星、背右上星、背右星上月、背左星、背左星右月、背上星下月、背下云、背上云、背上云下月、背右云、背上洪、背右洪、背下洪，及私铸铁钱、铅钱。

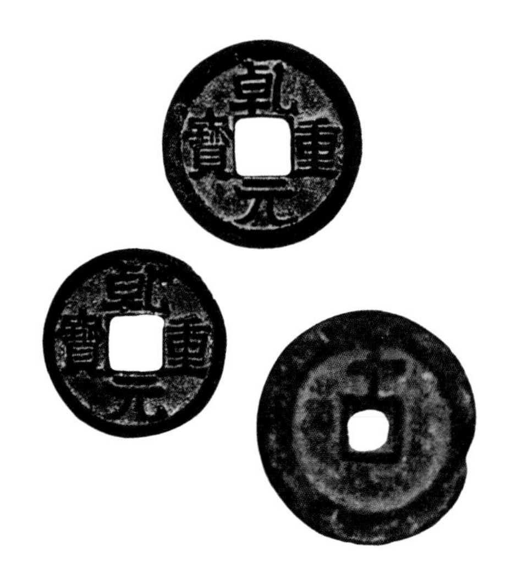

◁ **乾元重宝 唐代**

唐肃宗李亨乾元元年（758）铸，以一当开元通宝十之行用，重轮乾元通宝，以一当开元通宝五十之行用。是第一枚重宝钱，而后重宝多用于年号钱。

乾元二年八月，改铸乾元重宝重轮钱，特征为背外廓重轮，民间称“重棱钱”。径一寸二分，每缗重十二斤。以一枚当五十枚开元通宝钱大致分四类。大样厚肉，直径3.5~3.7厘米，重18.2~24.6克，最重有35.5克和47克。大样，直径3.36~3.5厘米，重10.1~16.4克。中样，直径3~3.1厘米，重7.4~9.7克。小样，直径2.3~2.65厘米，重2.95~5.1克。乾元重轮钱大样厚肉、大样、中样的版别有：宽缘、背上月、背右月、背下俯月、背上星、背左星、背下星、面背各四

△ **开元通宝 唐代**

钱文由著名书法家欧阳询书写，书体为八分隶含篆体。“开元通宝”是第一枚“通宝”钱，以后各朝遂以年号、朝代、国号缀以“通宝”铸币。

星、背右日、背下日、背下云、背上云、背右云、背四云、背下雀、合背等。小样的版别有花穿、面一星等。

△ **乾元重宝重轮　唐代**

乾元重宝减重迅速与铸行有关。据《册府元龟》载，乾元三年二月（该年四月改元上元）诏令文武百官集议币制。上元元年六月（760）诏令重棱钱减为三十文，开元旧钱和乾元当十钱作十文流通。出现虚钱、实钱之分。虚钱即政府颁行币值；实钱则重棱钱当三文，乾元当十钱，开元钱同作一文。在这时，官铸乾元重宝当十钱的形制，钱重就迅速减重到小样，重2.8～4.5克。宝应元年（762）四月，代宗即位后，于五月甲午改行乾元钱以一当二，乾元重棱钱以一当十。丙申，改行乾元大小钱均当一钱，私铸重棱钱不准流通。

上元元年（顺天二年，760），史思明占据洛阳，铸得壹元宝钱，径一寸四分，一枚当开元通宝百枚。不久，因钱文得壹非长祚之兆，改钱文为顺天元宝。旧收藏界遂有“顺天易得，得壹难求”之言。得壹元宝，隶书旋读，宽缘，钱文“元”字特征长横左挑，大样直径3.47～3.71厘米，重19.4～26.6克。小样直径3.24～3.57厘米，重11.7～15.85克。个别直径有3.2厘米，重7.74克。版别有背上仰月、背下俯月、背左月、背右月、背四月、背四星加孕星、背四云等。顺天元宝，隶书旋读，“元”字长横左挑。厚肉大样，直径3.8～3.97厘米，重21～34.6克。薄肉小样，直径3.23～3.7厘米，重10.1～16.6克。版别有边缘刻花、背上月、背上双月、背上和左月、背上孕星、背星月、背下月、背上和右月、背穿上天、面背四星加背云、合背、元下星加背月等。

◁ **得壹元宝（史思明所铸）　唐代**

直径约3.5厘米，重9克左右

“得壹元宝”钱文四字为隶书、旋读，制作工整，有多种版别，亦有薄厚、大小之分。多光背及背单月，背四月者甚少见。

存世有大历元宝，应是大历年间（766—779）所铸，还有建中元宝，是建中年间（780—783）所铸。大历元宝，隶书旋读，钱文风格不严谨，制作粗糙，直径2.18～2.4厘米，重2～4.2克，并有“大”字，是大历元宝省文钱，直径2.17厘米，重2.7克，平背。建中通宝的风格与大历元宝相似，直径2.1～2.3厘米，重2.4～4.4克。亦有“中”字省文钱，平背，直径2厘米。这四种钱在中原未见考古资料，主要出土于新疆地区。1929年，库车县羊达克沁、拜城和色尔佛洞发现大历元宝。克里什千佛洞、焉耆明屋发现建中通宝。1957年左右，哈拉墩发现大历元宝、中字钱、建中通宝。1976年，奇台县发现大历元宝。1984年，麻札塔格县古戍堡发现大历元宝。依据钱文风格和制作，结合出土地点，可断定这几种钱是新疆地区唐代地方货币。

宝应元年五月丙申乾元钱并以一当一后，恢复铸造开元通宝。当时已发生钱荒，流通货币量严重不足，唐朝政府采取的措施有：禁止外销钱铸铜器，以至禁止铜器；禁钱出关及出州县境外；禁止藏钱过限，初为五千贯，后为七千缗；禁断恶钱，初有铜盜、铅锡、减重钱，后仅禁铅锡钱；禁止省陌钱；增加官炉铸钱等。此期增加官炉铸钱的史实较多。大历四年第五琦请准绛州汾阳、铜源两监增至五炉。建中元年，韩洄请准恢复洛源钱监十炉。建中四年，赵赞请准采连州白铜铸当十大钱，后未实行。元和三年（808）李巽请准复置桂阳监两炉。元和六年，王锷奏准蔚州加置五炉。太和八年，王涯在蔚州置飞狐铸钱院。在元和三年时，唐朝年铸钱额为13.5万缗。元和十五年正月，穆宗即位后诏令诸州府可开炉铸钱处均可获批准，故铸钱额较前更为增加。

此期开元通宝的断代依据主要是考古资料、钱币学对比方法。纪年唐墓有西安东郊章令信墓（758），苏州柳夫人和氏墓（773）、西安东郊李文贞墓（817）。章令信墓、柳夫人墓出土开元钱的版别仍为短横左挑元。李文贞墓出土开元钱版别是长横元、背下月。此种版别是本期所出现的。

除此，按照与乾元重宝、乾元重宝重轮钱、得壹元宝、顺天元宝四种钱对比。开元通宝钱文“元”字出现第一笔长横及第二笔左挑“长横左挑元”。有部分元字的第一笔紧靠内廓，可称“贴廓元”。记号版别有面一星、背上星、背右上星、背左星、背下星、背下月、背上月、背右月、背左月、背双月、背上仰月、背上俯月、背下俯月、背上下月、背上和左月、背右星上月、背左星右月、背星月、背上孕星等。私铸钱以铅锡钱居多。

第四期：845—906年

会昌五年（845）七月，唐武宗敕令并省天下佛寺，所废寺中铜像及铜器交盐铁使铸钱，百姓家中金属佛像限一个月内上交官府。永平临官李郁彦请准诸道观察使均可置钱坊铸钱。淮南节度使李绅请以州名铸于钱上，京师为“京”钱，大小如开元通宝，交易禁用旧钱。武宗始铸会昌开元通宝，俗称“会昌开元”。

会昌开元的特征是背记铸地，计有昌、京、洛、益、荆、襄、蓝、越、宣、洪、潭、兖、润、鄂、平、兴、梁、广、梓、福、桂、丹、永。地名因在背面位置不同，和星月、铜钱等形成多种版别。昌（扬州），穿上（以后略穿字）；左；下倒文。京（京兆今西安），上加下月；上；上反字。洛（洛阳），上。益（成都），上；面星。荆（江陵），右；上星。襄（襄阳），上；上加下月；右加上月；右。蓝（蓝田），右加下月、面星；右；右加面星；右加上月、面星；右加上月；右加下月；右加左月；上，右加三云。越（绍兴），下；下加上星；下加上月；下加上半星、右月；上倒文；上。宣（宣城），左加上月；右倒文加下月。洪（南昌），上；下倒文；下倒文加上月；下倒文加左月；右；右加面星；右加上月；左；左倒文加上星；左倒文加上月；左倒文加下月；上下双文。潭（长沙），左；铅钱。兖（兖州），上。润（镇江），上；白铜；上加面星；下倒文。鄂（武昌），上。平（北京），上。兴（兴州），上。梁（汉中），上；上加面星；上加下月；下。广（广州），右；右加上月；左倒文。梓（梓潼），上。福（福州），上；上加左月；上加下星；合面；下；右；右加面星。桂（桂林），右。丹（宜川），上；右。永（零陵），上；右；上反文；下；下加右星；下倒文。

会昌六年三月，唐宣宗即位后尽黜会昌废佛政策，会昌开元钱复铸为佛像。考古资料证明会昌开元存世数量较多，故宣宗毁会昌开元应仅局限于京畿，执行并不彻底。此后又恢复铸开元通宝钱。除前三期所见版别外，新出现钱文“元”字第二笔“双挑”“元字”第二笔“右排”“通”字マ旁末笔断笔，俗称“断笔通”。面文中有1或2星。制作较前粗糙，背有移范现象。

存世尚有咸通玄宝，极为稀少。该钱于正史阙载，宋洪遵《泉志》载：“旧谱曰：唐咸通十一年（870），桂阳监铸钱官王彤进新铸钱，文曰咸通玄宝，寻有敕停废，不行。”

△ **得壹元宝·顺天元宝　唐代**

背上仰月各一枚，此钱为“安史之乱”中史思明所铸。

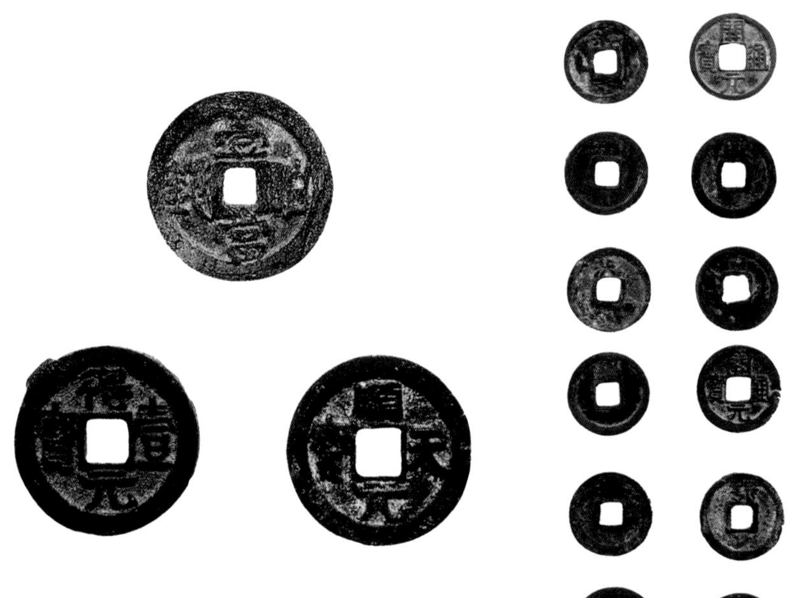

△ **壹当百钱·得壹元宝·顺天元宝（史思明所铸）唐代**

唐乾元二年（759）叛将史思明攻占洛阳后铸币，以一当开元通宝百钱行用，铸行甚短，史氏“恶得壹非长兆”，于（760）改铸“顺天元宝”。

△ **会昌开元通宝　唐代**

唐武宗李炎会昌五年（845）毁佛收铜行铸开元通宝，李绅提议各州行铸，钱背为各州名记地。

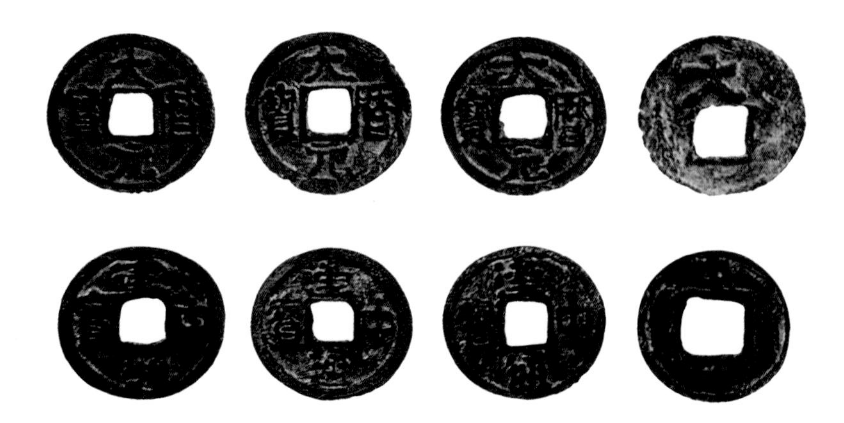

△ **大历通宝·大·建中通宝·中　唐代**

唐代宗李豫大历四年（769）西北地方铸“大历通宝”。德宗建中年间（780—784）西北地方铸“建中通宝”。

△ **顺天元宝（史思明所铸）　唐代**

背上仰月

△ **仿高昌吉利铜钱**

直径2.68厘米

高昌吉利铜钱，近年新仿品。伪造者按复印多次的拓图制模，所以面文失真处较多。如“高”字的左下竖向内弯曲，上横边长；“昌”字的右下竖过分倾斜；“吉”字的“士”部较大，真品应该是“口”部较大；“利”字的右竖弯曲过甚，有违常规。

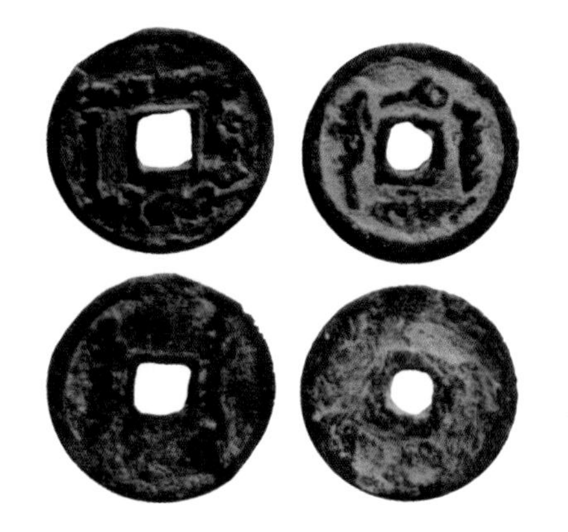

△ **回鹘汗钱　高昌回鹘国后期**

高昌回鹘是9—14世纪西迁回鹘的一支，是一个地区性封建政权。高昌回鹘曾铸行过本国钱币，主要有两种不同样式：早期铸造的钱币正面及背面均有回鹘文，直径约2.2厘米；后期仅面有回鹘文，钱体稍小，直径约2.1厘米。

△ **高昌国高昌吉利铜钱　唐代**

直径2.7厘米，重12克

高昌吉利铜钱，唐初麴氏高昌国所铸。厚肉生坑，红绿锈入骨，轮廓规整。隶书面文含六朝遗意，以方正见长，且参以篆笔，端庄凝重，在历代钱文中可谓别树一帜。今存世约数十枚。

◁ **高昌国高昌吉利　唐代**

高昌吉利钱为古高昌国所铸，存世罕少。高昌吉利钱文为隶书体、旋读，其“高”和“利”字有数种写法。钱体大且厚重，一般直径2.6厘米，重约12克，制作精良，反映出高昌国较高的铸币水准。该钱按形体大小可分为大样、中样和小样等数种版别，铜色亦有泛红和青黄两种。高昌吉利多为光背，背星纹者稀。

◁ **开元通宝　唐代**

直径2.55厘米，重4.8克

铜质多见青白亦或淡黄色。

△ **乾元重宝　唐代**

△ **突骑施粟特文钱　唐代**

第七章

五代十国钱币

一 五代钱币

1 钱币铸行概况

五代政权更迭频繁，有关铸钱记载不多。传世实物如后梁太祖有开平通宝钱，后唐明宗有天成元宝，未知铸于何时，估计当是开平、天成年所铸，而史书无只字记载。见于史书记载的有后晋曾于天福三年（938）十一月，明令天下无论公私，凡有铜者，都可铸钱，以“天福元宝”为文。故所见天福钱钱体薄小、文字模糊者多。后汉高祖铸汉通元宝。乾祐元年（948）四月，膳部郎中罗周裔请在京置钱监，以便使铜尽铸成钱，以济军用。后周世宗即位后，于显德二年（955），废天下佛寺，即以铜佛铸钱，文曰“周通元宝”。

2 重点钱币介绍

五代各朝钱币，遗留数量多少悬殊。后梁、后唐两朝开平通宝、天成元宝，传世都极稀少。开平仅见方若《药雨古化杂詠》著录一枚，正书，旋读，文字简率不工，据拓本钱径3.45厘米。后唐天成元宝，隶书，旋读，元字左挑，据拓本钱径2.3厘米。其余后晋、后汉、后周钱都较多，以后周周通元宝的铸工为最精，且背文有星、月、直纹等，分别在穿四方或四隅，又有合背钱。

五代时铸钱不多。后梁、后唐两朝的钱遗留极少。后晋、后汉、后周遗留较多。铸工以后晋天福元宝为最劣，后周周通元宝为最精。

△ **开平通宝·开平元宝·助国元宝·壮国元宝　五代·后梁**

后梁太祖朱温开平年间（907—911）铸开平钱。五代后晋宣武节度使杨光于天福二年（937）铸助国钱、壮国钱。

二 十国钱币

十国钱币铸行概况

十国大都分布在长江流域或更南。江南战祸较少，经济得到相当发展。然各国铸钱多趋滥恶，铅铁为材，大钱居多，钱文错综，种类繁杂。

楚国马殷曾在长沙铸过几种钱币。史家乃有因湖南产铅铁之说，又听从高郁的献策，铸铅铁钱，十文当铜钱一文。没有说明钱文何字，大概是因为楚钱钱文多袭用唐钱钱文之故，如乾封泉宝、乾元重宝，因他开天策府又铸天策府宝，有铜、铁、铅质各种。

闽王审知曾铸各种开通元宝。后梁贞明二年（王审知八年，公元916）在汀州、宁化铸铅开通小钱。背无文及有福、闽等字。后梁龙德二年（王审知十四年，公元922）铸大铁钱，也用开通元宝为文。王延羲在永隆四年（942）八月，铸永隆通宝大铁钱，一当铅钱百。王延政于天德二年（944），铸天德重宝大铜钱，以一当百。史载曾铸天德通宝大铁钱，今所见皆出伪作。

前蜀王建曾铸永平元宝、通正元宝（916）、天汉元宝（917）、光天元宝（918），王衍铸乾德元宝（919—924）和咸康元宝（925）等年号钱，皆小平，与后蜀同为十国钱制之最善者。

南汉刘龑于乾亨年间（917—925）铸乾亨通宝和重宝铜钱，重宝又有铅钱。

后蜀大蜀通宝，大概是孟知祥称大蜀皇帝时（934）铸的，也可能是孟昶在明德年间铸的。广政元年（938）铸广政通宝钱，十八年铸铁钱，铁钱至少五年才流通使用。

南唐是十国中铸钱最多的一国。传世大齐通宝是徐知诰尚未复姓及并未建国时（937）铸。保大元宝钱，是保大年间（943—957）所铸。中兴二年（959），铸永通泉货当十钱。又大开通元宝钱，都不见记载。数量多又见于史书的，有开通元宝、唐国通宝、大唐通宝三种平钱，铸造年份也无详细记载，只知唐国通宝和大唐通宝在铸永通泉货之后。

刘仁恭虽未建国号（其子守光始建国号为燕），又非十国之一，但时代相当，又复铸钱，故并及之。据近人考订刘仁恭曾铸铜铁钱多种，有永安一十、永安一百、永安五百和永安一千四种，又有铁货布、铁五铢、铁顺天元宝等钱。刘守光于应天元年（911）铸应天元宝、乾圣元宝、应圣元宝等钱。

宣和通寶

第八章

宋元钱币

一 两宋钱币

宋代是我国历史上铸币业的一高峰期，也是铸币业极为发达的时期，无论在数量还是质量上都远远超过前代。两宋时期的钱币制度是以钱为主的。在此期间，白银日渐重要。同时也出现了纸币，但铜钱仍占有重要地位。

北宋真宗年间，四川的富商首创“交子”。“交子”算是世界上最早的纸币。宋代所铸造的年号钱最多，从北宋“太平通宝”到南宋“淳熙元宝”，皇帝改元频繁，300多年里共铸行了49种年号钱之多。并且还出现由皇帝亲笔书写的钱文，即“御书体”。宋太宗开始自题钱文“淳化元宝”，宋徽宗则以自创的瘦金体书写了“崇宁通宝”“大观通宝”等。南宋孝宗淳熙七年（1180）所铸“淳熙元宝”背上标铸“七”字用于表示纪年，表明此钱铸于淳熙七年，这一成果比欧洲的纪年钱早了300多年。宋代钱币的面额种类繁杂，名称变化多，有小平、折二、折三、当五、当十、当百、当五百等各种不同的面额。宝文名称不一，铜钱有元宝、通宝、重宝等。钱文书法也极为丰富多彩，具有创新、对称、复合等特点，而其钱文则是篆、隶、行、草、楷五体具备。钱币的流通区域性明显，北宋时，大约开封府、荆湖南路、京西路、江北路、淮南路、两浙路、福建路、江南东西两路等十三路用铜钱；成都府路、梓州路、利州路、夔州路等四路专用铁钱；陕府路和河东路则铜、铁钱并用。南宋时，铜钱限于东南，四川用铁钱。这就在一定程度上造成了货币经济方面的割据局面。另外，全国各地均流通纸钞，这些流通的货币或仅限于某一地区，或可通行于全国。据考古资料显示，宋朝钱币的铸量不一定最多，但在历代古钱的出土物中，宋钱的出土量却最大。在湖北黄石的西塞山一次就曾出土了11万千克的钱币，其中宋钱占了绝大多数。此外，在我国其他地区也有大量的宋代钱币出土。

△ **宣和通宝　北宋**

直径2.5厘米，重3.8克

1 | 北宋钱币

北宋太祖建隆元年（960）铸行的“宋元通宝”是两宋时期的第一种钱币，随后，宋太宗铸有“太平通宝”“淳化元宝”和“至道元宝”；宋真宗铸有“咸平元宝”“景德元宝”“祥符元宝、通宝”“天禧通宝”；宋仁宗铸有“天圣元宝”“明道元宝”“嘉祐元宝”“皇宋通宝”“康定元宝”“庆历重宝”“至和元宝、通宝、重宝”；宋英宗铸有“治平元宝、通宝”；宋神宗铸有“熙宁元宝、通宝、重宝”“元丰通宝”；宋哲宗铸有“元祐通宝”“绍圣元宝、通宝”“元符通宝、重宝”。宋徽宗先后铸钱12种，即“建国通宝”“圣宋元宝、通宝”“崇宁通宝、重宝、元宝”“大观通宝”“政和通宝、重宝”“重和通宝”“宣和通宝、元宝”；宋钦宗铸有“靖康通宝、元宝”。然而，钦宗在位不足两年，北宋便被金所灭，所以靖康钱传世量很少。

宋太祖建隆元年（960），“宋元通宝”始铸，它是一种国号加宝文的宋开国钱。该钱币的钱文仿八分书，形制仿唐开元，小平钱，钱文顺读，钱币所用的材质有两种，即铜和铁，背有星、月纹等，铁钱十当铜钱一。

宋太宗太平兴国年间（976—983），铸造“太平通宝”，该钱币的形制和“宋元通宝”相同。当时，福建及四川均铸有“太平通宝”铁钱。其中，福建铁钱背廓清晰，铸工颇为精细，很受时人欢迎。因此，又推出了一种直径4.2厘米的当十大钱，其书法与铸工也较为讲究，背穿上有一个圆点，大概是一种纪念钱，现存世量稀少。这两种“太平通宝”皆具五代之风，而且铸造工艺极为精湛。宋太宗淳化元年（990）五月铸造的“淳化元宝”是最早的“御书钱”。该钱币的钱文有真、行、草三种书体，皆出自宋太宗手笔。此外，四川等地铸造的淳化铁钱的钱文也有御书体的。太宗至道年间（995—997），铸行的“至道元宝”的钱文也有真、行、草三体。

宋真宗咸平元年（998），铸有“咸平元宝”有背星月及光背无文之分。另有一种阔钱，有当五、当十两种，也是分背星月和背无文。此外，还铸有“祥符通宝”，此钱为御书钱，分大、小两种，主要用来赏赐大臣，而不是作为货币用于流通，因而铸量较少。宋真宗时期，出现“元宝”“通宝”同铸的现象。真宗天禧元年（1017），还铸有“天禧元宝”。

△ **熙宁重宝　北宋**

直径2.5厘米，重3.6克

△ **圣宋元宝　北宋**

直径2.55厘米，重5克

△ **宣和元宝　北宋**

直径2.6厘米，重约3.5克

△ **政和通宝　北宋**

直径2.55厘米，重4.5克

△ **圣宋元宝　北宋**

直径2.5厘米，重3克

△ **政和通宝　北宋**

直径2.35厘米，重4克

△ **政和通宝　北宋**

直径2.55厘米，重4.5克

△ **宣和通宝　北宋**
直径2.5厘米，重约3.8克

△ **宣和通宝　北宋**
直径2.5厘米，重约3.8克

宋代的铸币机构叫钱监，其实行的是军事化管理，把铸钱的工匠称为役卒，但每个钱监的役卒多少并没有确定的人数限制。其役卒的来源有两个方面，一是从民间招募一些有特长的工匠；二是以犯人来充当役卒。其中，大部分役卒都是犯人。宋仁宗在位时期，钱监不断增多，但因管理疏散，致使各地钱监所出钱的铜质、版式和铸工参差不齐。此间，铸有“天圣元宝”“明道元宝”“景祐元宝”，其钱文皆采用篆、楷两种书体，且直径、轮廓也都是一样的，称为“对钱”。这一时期的铁钱仍是当五和小平两种。宝元年间（1038—1040），因为年号中带有“宝”字，为避忌而未铸年号钱，只铸了“皇宋通宝”。

宋仁宗改元九次，发行了八次年号钱。“皇宋通宝”有铜、铁之分，其中，铜钱的版式较为繁复，通常是篆、楷成对。此外，还有一种篆书体钱——九叠篆“皇宋通宝”，或称“九叠皇宋”，此钱应是一种赏赐钱，铸工极为精湛，但数量不多，属珍罕品。仁宗庆历年间（1041—1048），西夏进攻陕西等地，宋派兵讨伐，为解军需之用而铸行了“庆历重宝”当十钱。此钱直径2.9厘米，钱文既可顺读亦可旋读，采用楷书书体。此外，又有一种当十铁钱，其直径为3.2厘米。当时，宋和西夏之战持续了三年之久，致使国力受损，钱币减重。之后，纸币大量发行，又造成了物价上涨，至战争结束时，便改当十钱为折三流通。至和年间（1054—1056），铸有“至和元宝”和“至和通宝”。又有一种小平铜钱，分大小两种，其光背无文，有篆、楷两体，成对。此外，还有“至和重宝”折二、折三钱。仁宗嘉祐元年（1056），铸有“嘉祐元宝”及“嘉祐通宝”，这两种钱币都是铜质小平钱。

△ **大观通宝　北宋**

△ **景祐元宝　北宋**
直径2.5厘米，重3.7克

△ **庆历重宝　北宋**
直径3厘米，重6.6克

△ **绍圣元宝　北宋**
直径2.9厘米，重5.2克

△ **熙宁元宝　北宋**
直径2.5厘米，重3.6克

△ **宣和通宝　北宋**
直径2.5厘米，重3.8克

△ **大观通宝　北宋**
直径4.1厘米，重19克

△ **天禧通宝　北宋**
直径2.5厘米，重3.8克

△ **嘉祐通宝　北宋**
直径2.5厘米，重3.7克

宋神宗熙宁元年（1068），铸有“熙宁元宝”，此为小平铜钱。熙宁四年（1071），铸有“熙宁重宝”当十钱，后来，该钱币不断减重，以致其版式繁多，到熙宁六年（1073），则改为折三使用，后又改为折二。此外，还有“熙宁重宝”铁钱，分为小平和当五两种，钱文旋读，采用的是楷书书体。其中，熙宁小平钱中有背文记监的。神宗元丰年间（1078—1085），铸有“元丰通宝”，此钱又分为折二铜、小平和铁钱几类，其钱文皆采用篆书和行书两种，成对。在这几种版式中，有传为苏轼所书的“东坡元丰”。神宗在位时期，每年平均铸钱四百多万贯，是宋朝铸钱量最大的。

宋哲宗元祐元年（1086），铸有“元祐通宝”铜、铁钱，其中，铜钱又有小平、折二之分，其钱文采用篆书体与楷书体，成对。小平钱中背文为“陕”者较为罕见。铁钱有折三钱，钱文采用篆书体和行书体，成对。哲宗绍圣三年（1096），铸有“绍圣元宝”和“绍圣通宝”。铜钱又有小平、折二两种，钱文采用篆书体和行书体，成对。另外，还有一种隶书小平钱，较罕见。铁钱又分为小平、折二、折三三种，也都成对。通宝钱中有铜铸小平钱，钱文采用楷书书体，光背无文。通宝铁钱则只有小平一种。此外，还有一种铁母钱，其背有“施”字，极为罕见。哲宗元符二年（1099），铸有“元符通宝”和“元符重宝”，有铜、铁两种之分，且都有小平、折二，钱文采用篆书体和行书体两种，成对。“元符通宝”的书法精美，气势磅礴。“元符重宝”折二铁钱则书体清秀，极为罕见。

△ **宣和通宝　北宋**

直径2.5厘米，重约3.8克

△ **大观通宝　北宋**

直径4.1厘米，重19克

宋哲宗因无子嗣，就让其弟赵佶继位，即为宋徽宗。宋徽宗多才多艺，尤其在书法和绘画方面颇有造诣，在位25年，共出过七种钱，大都精美，自是王莽以来，所铸最为精致的钱品，也被称为古今第二铸钱高手。建中靖国元年（1101），铸有“圣宋通宝”“圣宋元宝”钱，均有铜、铁两种。“圣宋元宝”铜钱有小平、折二两种，而且钱文的书体都采用的是篆书和行书，并为成对的。此外，还有隶书小平钱，书法清雅脱俗，为徽宗御书。“圣宋通宝”铜钱，钱文的书体采用的是行书，且光背无文，传世较少。“圣宋元宝”铁钱有小平、折二两种，其中后者较多，钱文的书体采用的是篆书和行书，并为成对的，而其所用的隶书较少，有大钱，直径3.2厘米，钱背上月，应为当三或当五钱。“圣宋通宝”铁钱仅见小平一种，钱文的书体采用的是行书，光背，较名贵。崇宁年间（1102—1106），铸有“崇宁重宝”“崇宁通宝”“崇宁元宝”钱，均为御书体钱。大观元年（1107），铸有“大观通宝”铜钱，为御书瘦金体钱，有小平、折二、当五、当十等。政和年间（1111—1118），铸有“政和通宝”钱，有小平、折二两种，钱文的书体采用的是篆书和隶书，并为成对的，其版式也较多。铁钱有“政和元宝”当三钱，为御书体钱。“政和重宝”御书铜钱，甚罕见。很多崇宁钱、政和钱、大观钱铸成夹锡钱。所谓夹锡，即铜中夹有铅、锡的合成钱，借以盘剥民间。公元1118年，徽宗再度改元重和，铸有“重和通宝”小平铜钱，其钱文采用的书体是楷书和篆书，并为成对的，而且铸币精纯，两年后因再改年号而停铸。宣和年间（1119—1125），铸有“宣和元宝”小平钱，其钱文有隶、篆两种，而且版式较多，但存世较少。同时，还铸有“宣和通宝”，有小平、折二，有隶、篆两种，较为罕见。

△ **政和通宝折二型　北宋**

直径2.7厘米，重5.6克

宋徽宗禅位于其子赵桓，即宋钦宗，建元靖康。宋钦宗登基一年多，其都城就被金兵所攻破，并成为阶下囚，这就是历史上有名的“靖康之变”。靖康年间（1126—1127），铸有“靖康元宝”“靖康通宝”。其中“靖康元宝”钱文的书体采用的是隶书和篆书，并为成对的，有小平、折二、折三三种。“靖康通宝”钱文采用了三种书体，分别为隶书、篆书、真书，有小平、折二两种，都有铜、铁钱。靖康钱因铸行时间短，极为少见，“靖康元宝”小平钱仅有数枚传世。

△ **崇宁重宝　北宋**

直径2.5厘米，重约3.2克

△ **圣宋元宝　北宋**

△ **政和通宝　北宋**

直径2.5厘米，重约3.8克

△ **绍圣元宝　北宋**

直径2.9厘米，重5.2克

△ **不同版别的政和通宝**

2 | 南宋钱币

“靖康之变”后，康王赵构在临安（今杭州）重建宋朝，靖康二年（1127）五月一日，正式登基，即为宋高宗，并改元建炎，史称南宋。

南宋用于流通的货币主要是铁钱，而且币值多为折二。它不同于北宋时以小平铜钱为主的情况。南宋初年，所铸的钱币仍沿用北宋的币制，有数种钱文书体，而且成对。高宗建炎元年（1127）所铸的“建炎通宝”“建炎元宝”“建炎重宝”，和绍兴年间（1131—1162）所铸的“绍兴元宝”“绍兴通宝”都是这样的。自淳熙七年（1180）起就不再铸对子钱，而且钱文的书体一律采用的是楷书，并在钱背加铸纪年。公元1190年，宋光宗铸有“绍熙元宝”“绍熙通宝”。宋宁宗铸有“庆元通宝”“庆元元宝”“嘉泰通宝”“嘉泰元宝”“开禧通宝”“开禧元宝”，嘉定年间，除了铸“圣宋通宝”“嘉定通宝”“嘉定元宝”外，还铸了17种钱文的嘉定铁钱，创我国古代钱币宝文品种之最。宋理宗铸“宝庆元宝”“绍定通宝”“绍定元宝”“端平元宝”“端平通宝”“端平重宝”“嘉熙通宝”“嘉熙重宝”“淳祐元宝”“淳祐通宝”“开庆通宝”“景定元宝”。此外，宝祐年间（1253—1258）还铸造了一种非年号钱“皇宋元宝”。宋度宗铸有“咸淳元宝”，此后就再未铸钱。

建炎年间（1127—1130）铸有“建炎通宝”，有小平、折二、折三等，而钱文的书体采用的是篆书和隶书，并为成对的，四川铸有瘦金体钱文的小平钱，其钱文的书体采用的是篆、隶二体，并为成对的，极罕见；“建炎重宝”当十钱，直径3.2厘米，钱文的书体采用的是篆书，书法铸工均精良。绍兴年间（1231—1162）铸行“绍兴元宝”，钱文楷、篆二体，旋读，多为光背，对钱，有小平、折二、折三等。“绍兴”年号行32年，故铸钱量多品杂，但小平钱极少。

△ **建炎通宝　南宋**

直径3.37厘米，重8.4克

△ **淳熙元宝　南宋**

直径2.4厘米，重28克

△ **建炎通宝　南宋**

直径2.4厘米，重2.8克

南宋隆兴年间（1163—1164），铸有“隆兴元宝”钱，据载铸有小平、折二两种，但传世未见小平钱，折二钱的钱文采用的书体是篆、楷二体，并为成对的，但该币的材质及铸工较为平平，隆兴铁钱铸有元宝、通宝。乾道元年（1165），铸有“乾道元宝”，传世有折二钱，钱文的书体采用的是楷、篆二体，并为成对的，有的背文为星月，楷书钱为孝宗御书。乾道铁钱有小平、折二两种，其背文有“松”“目”等钱监名。孝宗淳熙年间（1174—1189），铸有一种纪年钱，是中国在世界史上铸行的第一种纪年钱。“淳熙元宝”钱背分别铸有“柒”至“十六”的字样，代指淳熙七年至十六年等。该钱币的光背无文小平、折二钱，钱文的书体采用的是楷、篆二体，并为成对的，有背纪年

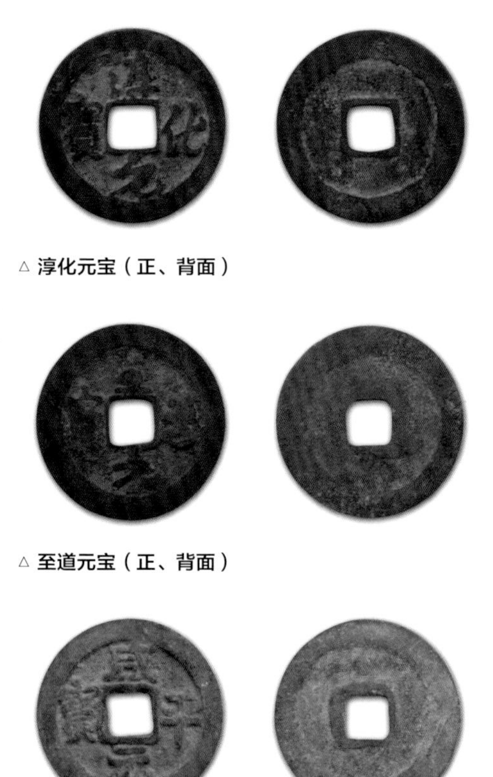

△ **淳化元宝（正、背面）**

△ **至道元宝（正、背面）**

△ **咸平元宝（正、背面）**

△ 祥符通宝（正、背面）

△ 皇宋通宝（正、背面）

△ 熙宁元宝（正、背面）

△ 景德元宝（锡母）（正、背面）

△ 崇宁通宝（正、背面）

及背记钱监名之折二钱。“淳熙元宝”铁钱有折二钱，背文有“利、邛、松、同”等多种。其中“淳熙通宝”铁钱也有背记监、纪年、记值者。

自孝宗淳熙七年以后，南宋钱币铸量逐年削减。光宗绍熙年间（1190—1194），铸有“绍熙元宝”钱。其中，铜钱有小平、折二，背穿下纪年，铁钱有小平、折二、当三。此外，还有一种“绍熙通宝”铁钱，钱文的书体采用的是篆、楷二体，并为成对的。

南宋庆元年间（1195—1200），铸有“庆元通宝”钱，钱文采用的书体是楷书，旋读。有小平、折二、折三纪年钱。背文“同”“春”等记监；“川”“利”等记地；“⊥”记值，“西一”记炉，“五五”等记范。嘉泰年间（1201—1204），铸有“嘉泰通宝”铜钱，有小平、折二、折三三体，皆背穿上纪年。“嘉泰通宝”铁钱也有小平、折二两种；还有“嘉泰元宝”铜钱当五钱。开禧年间（1205—1207），铸有“开禧通宝”钱，有铜、铁两种，该钱币的形制和前述的相同。铁钱中有当三钱的“开禧元宝”。嘉定年间（1208—1224），铸有“嘉定通宝”铜钱当五铁钱，还铸有“嘉定元宝”铜、铁钱。其中，铜钱有直径为5.2厘米的折十大钱，其铸工相当的精细，较罕见，铁钱中有折三、折五，数量较多。此外，还有一种“圣宋重宝”当五钱，不但书法精美，而且铸工颇精细。

南宋政权初，遭受金国的欺压，而金亡后又受到蒙古的大举进犯，南宋朝廷至理宗时期愈发显得风雨飘摇。理宗宝庆元年（1225），铸有“大宋元宝”钱。其中，铜钱有小平、折二两种，另有折三铁钱。“大宋重宝”钱中，有铜钱直径为5.2厘米的当十大钱。该钱币的制作及书法都相当的精细、美观，而且版式也有两三种，都较罕见。绍定年间（1228—1233），铸有“绍定通宝”钱，有铜、铁两种，都有小平、折二，又有“绍定元宝”铜钱当十大钱及铁钱。端平年间（1234—1236），铸有“端平元宝”铜钱，而现存世仅有小平钱，铁钱存世仅有当三、当五两种。“端平通宝”铜钱，只有当五大钱，光背无文；铁钱有小平、当五。此外，还有“端平重宝”钱，大小同当五钱。该钱币的制作及钱文相当的精细、美观，但极罕见。嘉熙年间（1237—1240），铸有“嘉熙通宝”钱，有铜钱小平、折二，及“嘉熙通宝”当五铁钱。此外，“嘉熙重宝”有当三钱。理宗淳祐年间（1241—1252），蒙古灭金后，大举侵犯南宋，在四川与南宋军队交战多年，所以在今四川多发现当时充作军费的淳祐钱。淳祐钱铸有通宝、元宝两类，其中“淳祐元宝”铜钱有小平、折二两种，而“淳祐通宝”有小平、折二、折三，另有当百大钱，且有较多的版式，并有大样、中样、小样之分，其中中样者极罕见。淳祐年间，南宋政府还发行了一种铜铸的长方形牌状货币，两面都有字，其中正面文字为“临安府行用”，钱背则记为“准三伯文省”“准五伯文省”“准贰伯文省”等。钱文中的“准”字是“平”，“伯”是“佰”，其意思是在交易时，铜牌相当于×佰文铜钱使用。“临安府行用”规定了这种钱牌只限于临安府流通的代用币，它的铸造及发行和当时发生的钱荒和禁钱出城都有很大的关系。宝祐年间（1253—1258），铸有“皇宋元宝”小平、折二铜钱。开庆元年（1259），铸有“开庆通宝”小平、折二铜钱，此两种都未见铁钱。

△ 太平通宝（正、背面）

△ 太平通宝（正、背面）

南宋咸淳年间（1265—1274），铸有“咸淳元宝”小平、折二铜钱。之后，元军攻克南宋，就一直未铸钱。

二
辽夏金钱币

与北宋政权相对峙的有北方的辽国和地处西北的西夏政权及后来崛起与南宋政权长期对立的金，辽、夏、金都曾通用宋朝的铜钱。

1｜辽代钱币

早期辽代铸钱受五代影响，后期受宋钱影响较大。其钱币多是小平钱，而且铸量较少，制作较为粗糙，钱文多为汉文，而其书体采用的是隶书，没有对子钱。辽钱中“会同通宝”“保宁通宝”“天显通宝”都十分罕见。916年，契丹领袖耶律阿保机建立契丹国，史称辽太祖。辽国社会经济发展至兴宗年间（1031—1055）进入鼎盛时期，冶铁、陶瓷等手工业发达，商业贸易与周边国家民族交往频繁。关于钱币铸造方面，史料记载不多，而且所记载的内容较为简单，所以大都依据出土、传世实物进行研究。辽国早期，所进行的交易都是物物交换，后来贸易发展，需要钱币，也都来自中原。辽太宗时（927—947）设置了钱帛司，管理钱币流通。现发现最早的辽自铸币是辽世宗时（947—951），铸造了“天禄通宝”钱，之后辽穆宗铸有“应历通宝”，辽景宗铸有“保宁通宝”，辽圣宗铸有“统和元宝”，辽兴宗铸有“重熙通宝”，辽道宗铸有“咸雍通宝”“清宁通宝”“大康元宝”“大康通宝”“大安元宝”“寿昌元宝”。辽天祚帝铸行“天庆元宝”。因辽国冶铸技术较落后，所以所铸造的大多数钱币制作较粗糙，素有“七扭八歪，拙劣粗糙”之名。虽然，辽国也创有自己的文字——契丹文，但在流通币中未发现有契丹文钱存世。

2｜西夏钱币

西夏钱币有两大类，西夏文钱和汉文钱。之前，钱币未认识西夏文时，称其为“屋驮文”。因为西夏钱制受宋影响，所以年号钱也颇多。该钱币的形制不但规整，而且其钱文书法较为精美。因西夏深受汉族文化的影响，当时的西夏王李元昊命令大臣们结合了汉字、契丹字的特点创造出西夏文字。西夏在有自铸币之前，都是使用宋朝铸造的货币，而西夏钱币是仿宋钱铸造的。采用的是方孔圜钱形制，以小平为主，兼或铸造有折二钱，但数量不多。铜铁钱同时并用，钱文

△ **大安宝钱　西夏**

直径2.4厘米

△ **贞观宝钱　西夏**

直径2.6厘米

有汉文钱和西夏文钱两种，但在一种钱上只用一种文字。其中，西夏所铸的汉文钱币，其钱文较为丰富，有隶、篆、行、楷各体，并有对钱。西夏是我国历史上第一个用自己民族文字铸行方孔圜钱的少数民族政权。现已发现的西夏汉文钱有七种，它们是夏惠宗的“大安通宝”，夏崇宗的“元德通宝”“元德重宝”，夏仁宗的“天盛元宝”“乾祐元宝”，夏桓宗的“天庆元宝”，夏襄宗的“皇建元宝”，夏神宗的“光定元宝”。其中，“元德重宝”为折二钱，其余都是小平钱，而且钱文的书体采用的是楷书，而“乾祐元宝”有行书，“光定元宝”有篆书，可组成对钱。天盛、乾祐钱皆为铜铁两种，其他只有铜钱。“天盛元宝”，钱背有“西”字。其他无背文。西夏钱币，不但制作精细、美观，而且其书法飘逸洒脱，但都极为罕见。

3 | 金代钱币

虽然金代的钱币品种和样式不是很多，但其制作工艺都是相当精美的“重宝”钱，钱文玉箸篆为著名书法家党怀英所书，而且制作十分规整，称为一绝。传世数量较多的是“大定通宝”和“正隆元宝”。金人扶持的刘豫伪齐政权，曾铸过“阜昌元宝”“通宝”“重宝”，其钱文的书体采用的是楷篆二体，书法优美，铸工精细、美观，均十分珍稀。

金自铸钱币前，都是使用宋朝铸造的货币。但至金太宗和金熙宗的时候，金朝都还没有铸造自己的货币，在市场上流通的货币完全是宋朝铸造的。海陵王贞元二年（1154），完颜亮开始置交钞库，以管理印制交钞，使交钞与铜钱并行。正隆二年（1157）时，铸有“正隆元宝”钱，该钱币的材质佳，制造相当精细美观，其边廓整齐，文字俊秀。该钱的“正”字有末笔出头和不出头之分，出头者称为五笔正隆，较为少见。

金世宗完颜雍于大定十八年（1178），开始铸有“大定通宝”钱，据相关史料记载，“于代州立钱监铸钱，初铸质劣不可用，后令工部、吏部官员监钱再铸”有“大定通宝”。后金章宗完颜璟，铸有“泰和重宝”及“泰和通宝”，金卫绍王铸有“崇庆元宝”“崇庆通宝”及“至宁元宝”，金宣宗铸有“贞祐通宝”等。其中，金章宗承安年间曾改铸银，名“承安宝货”。一至十两，分五等，每两折钱二贯，公私同现钱用。

另外，金代所使用纸币在货币经济中占有重要地位，其纸币的印造比铜钱铸造还早。所以，金代纸币在纸币发展史上也有较大影响。

△ **崇庆元宝　金代**

直径2.8厘米，孤品无价

△ **泰和通宝　金代**

直径3.25厘米，重6克

△ **正隆元宝　金代**

直径2.51厘米，重4.2克

△ **大定通宝　金代**

直径2.53厘米，重3.7克

△ **贞祐通宝　金代**

直径2.1厘米，重4.6克

△ **泰和重宝　金代**

直径4.41厘米，重约8克

△ **泰和重宝　金代**

直径4.41厘米，重约8克

三
元代钱币

元代用于流通领域的主要货币是纸币，其数量之多，使用时间之久，范围之广，对于当时的社会经济起着举足轻重的作用。元朝纸币，形状为长方形，一般长25 ~ 26厘米，宽16 ~ 18厘米，而且版面的四周是花边。其上方从左到右印有“××通行宝钞”，正中为数额，有贰贯、一贯、十文、二十文、五十文、一百文不等。其下方印有印钞的单位、职官名称，发行年、月、日及伪造者处死等警告语。元朝的纸币流通主要经历了中统钞、至元钞、至正钞三个时期，其中最为稳定的是中统钞，而流通时间长的是至元钞。元顺帝至正十一年（1351）时开始流通的至正钞不但发行量为最多，而且也是贬值最为严重的货币。这种新钞一贯权铜钱1 000枚，是以前的至元钞的两倍。过去的交钞或以丝为本，或以金银为本，但这种至正交钞是以纸为母（本），铜钱为子，本末倒置。同时，所发行的“至正之宝”铜钱是配合发行纸钞，让铜钱来代表纸钞，目的是印制交钞，以虚代实。然而，大量印刷交钞使物价上涨10余倍，更甚有人用纸币糊墙铺地者，最后交钞形同废纸。

1 | 中统元宝　至元通宝

元朝的货币虽以行钞为主，但也铸有钱。元世祖中统年间（1260—1263），铸有“中统元宝”，小平钱。其钱文的书体采用篆书、楷书两体，但此钱不是对钱，其楷书为顺（直）读，篆书为旋读。篆楷皆背无文，但楷书有背四星的，极罕见。元世祖至元二十二年（1285），铸有“至元通宝”，传世有两种，分别是汉文楷书小平钱和八思巴文钱，大小似折二钱。

2 | 元贞通宝　大德通宝

元成宗元贞年间（1295—1297），铸有“元贞通宝”小平钱与“元贞元宝”折二钱，这两种钱币的钱文都是汉文而且书体采用的是楷书，又有八思巴文“元贞通宝”，似折三钱。成宗大德年间（1297—1307），铸有“大德通宝”钱，有两种，分别是汉文楷书和八思巴文钱。汉文楷书钱有小平、折二、折三等，而八思巴文钱只有大钱，大小在折二、折三之间。

3 | 至大通宝　大元通宝

元代铸钱出现两个高潮期，分别是武宗至大年间（1308—1311）和顺帝至正年间（1341—1368）。顺帝所铸的至正钱传世数量较多，而且钱廓整齐深峻，文字遒劲、秀丽。在元代所铸造的钱币中，该钱是最为精整的一种。元武宗在至大三年（1310）曾铸有两种钱，一种为“至大通宝”汉文楷书小平钱，另一种用八

△ **至正通宝　元代**

直径3.35厘米，重11.4克

思巴文的“大元通宝”为当十大钱。武宗时，山东、河东、辽阳等地都设有泉货监铸钱，所以至大通宝钱传世较多。另有两种“大元通宝”钱分别是小平钱和大平钱，小平钱背无文，大钱正面“大、通、宝”三个字为瘦金体，是仿北宋徽宗大观钱的字体所铸，但该钱文的“元”字极拙劣，具有浓郁的民族特色。

4 | 元供养钱

至大以后，元朝各帝年号也都有铸钱。元仁宗铸有“皇庆元宝”小平钱，其钱文书体采用的是楷书并用汉文书写。另有“延祐贞宝”“延祐元宝”“延祐通宝”，元英宗铸有“至治元宝”“至治通宝”等钱，又有一大钱面文，由三个少数民族文字组成，分别为八思巴文、察合台文、西夏文。四个字由三种文字组成的“至治通宝”极少见。元泰帝铸有“泰定元宝”“泰定通宝”以及“泰定元年”等钱，致和元年（1328），铸有“致和元宝”钱。元文宗铸“天历元宝”“至顺元宝”及“至顺通宝”，又铸有至顺壬申钱，其钱背有“护圣”和“太乙”等字。元顺帝则铸有“元统元宝”小钱、“至元通宝”及“至元元宝”。该钱币的背文中“护圣”“太乙”和钱文年号为年数的是供养钱。因为元代统治者崇信佛教，所谓“供养钱”为元代所特有，也叫“供佛钱”和“寺庙钱”。该钱的面文有多种，有的与正用钱较为相近。此外，为了恢复纸币的信用，元顺帝铸行了“权钞钱”，以钱权钞，面文为“至正之宝”，其钱文的书体采用的是楷书，并为旋读的，而钱背穿上有“吉”字（系江西吉安道监制），穿右“权钞”二字作权当银钞解，穿左记币值，共有五种，分别为伍分、壹钱、壹钱伍分、贰钱伍分与伍钱，而该钱的直径依次为4.2厘米、5厘米、6厘米、7厘米、8厘米。权钞钱面值均比纸币小。至正十年（1350），铸有“至正通宝”钱，有小平、折二、折三、折五及当十共五种，该钱面文的书体采用的是楷体，并为顺读，其背文有四种，分别是其钱背穿上八思巴文“地支”，小平、折二、折三背文有“寅”字；背穿上穿下八思巴文“三”字和穿下汉字楷书“三”字；背穿上八思巴文“戌、亥”字和穿下汉字楷书“三”字；背穿上八思巴文“戌、亥”字，穿下汉字楷书“十”字上着星文。

元朝所铸的钱币中，除了部分“至正通宝”铜钱和“至大通宝”钱数量较多，其余的都少见。

大中通寶

第九章

明代钱币

一 明代钱币的发展历程

明代钱币在许多方面体现出中国古钱的某种过渡，如明初钱币以狭缘、润圆型边周为主，逐步过渡为阔缘、扁平型边周为主，中型穿口逐步向狭穿发展；背记由记地、记值发展为记重，南明时向权银钱方向发展；铸钱金属成分自嘉靖开始增加了锌，由青铜逐步向黄铜过渡等。明代钱币名称最明显的特点是只用“通宝”，即使是当十大额钱币，亦不用“元宝”“重宝”等其他名称，钱文书体绝大部分采用真书，比较统一。

明建立前，朱元璋于公元1364年在江西行省置宝泉局，后又于各省分设宝泉局，铸“大中通宝”。形制基本上是承袭至正钱，钱文真书，有小平、折二、折三、折五、折十、计五等，有光背和背记地、记值等，品种较多，铜质较精，铸造工整，钱缘大多为狭缘，边周圆润。

△ **大中通宝　明代**

直径4.56厘米，重24.2克

△ **大中通宝　明代**

面、背径2.8厘米

△ **大中通宝　明代**

△ **大中通宝　明代**

△ **大中通宝　明代**

直径3.45厘米，重10.8克

△ **大中通宝　明代**

△ **大中通宝　明代**

直径4.6厘米，重23.6克

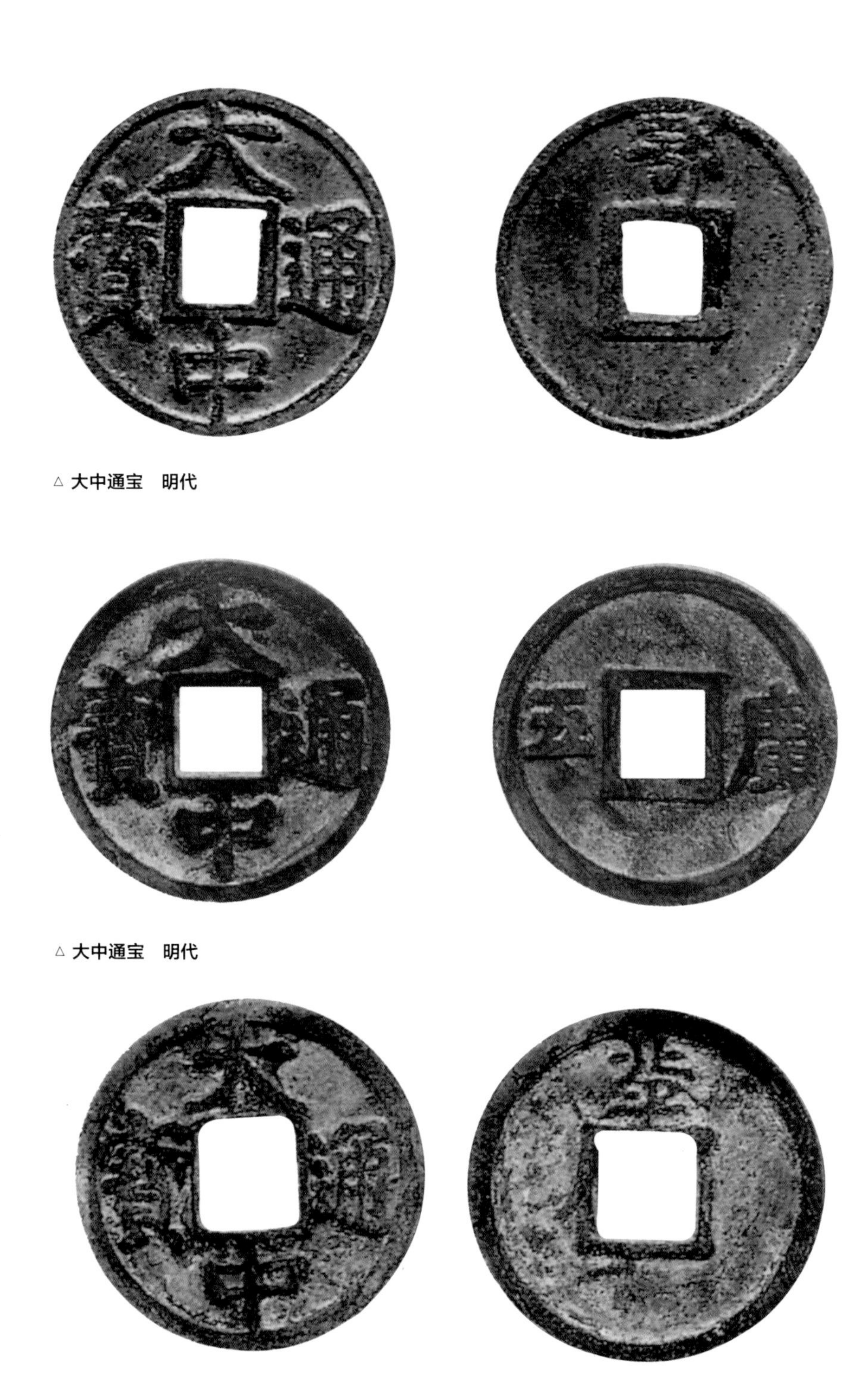

△ **大中通宝　明代**

△ **大中通宝　明代**

△ **大中通宝　明代**

△ **伪明“大中通宝”**

直径3.25厘米

△ **大中通宝　明代**

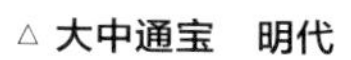

△ **大中通宝　明代**

△ **大中通宝　明代**

直径4.65厘米，重23.0克

△ **大中通宝　明代**

△ **明大中通宝背桂三铜钱　明代**

直径3.58厘米

这是铸于广西的折三钱，熟坑，略有磨损，因长年流用，表面温润，兼有铁色锈及红绿锈。

△ **仿明大中通宝背桂三铜钱**

直径3.5厘米

近年新仿品。系取常见的大中通宝光背折三钱为模改铸，这种光背折三钱铸于浙江，面文书体和广西局完全不同，属两种笔迹。伪造者在背模上添加了“桂三”两字，但字形过大，摹仿失真；真品的面背文由一人所书，不仅风格相似，连大小也很接近。

△ **大中通宝　明代**
直径4.07厘米，重12.1克

△ **大中通宝　明代**

明立国，洪武元年（1368）颁布洪武通宝钱制，京师设宝源局，各省设宝泉局，铸“洪武通宝”钱，铜质精良，铸造规正，面文真书，有大小五等，如“大中通宝”等。洪武钱背记有两种制式，一种是开国后早期铸行的，仅置记地、记值，或作光背，钱缘较狭，且显圆润，与“大中通宝”相仿。另一种是洪武二十二年（1389）更定钱式所铸行的，钱缘比前一种宽阔，且显得平贴，字口较

△ **洪武通宝　明代**

△ **洪武通宝　明代**
直径2.5厘米，重4.5克

△ **洪武通宝　明代**

△ **洪武通宝　明代**

深，背置记重，有一钱、二钱、三钱、五钱、一两五等，虽然分别与前记值各等次相当，但这是一种新的钱制，规定钱重与所置记重相符。实测足重的各等钱币大多达到记重规定，亦有一些减重不足的。新的钱式铸量不及前一种多，但对于明洪武后历朝钱币却有较多影响。

永乐六年（1408）铸“永乐通宝”，初铸时治袭洪武记重钱之式，但并未正式推行，绝大部分回炉销毁，现存有王荫嘉旧藏“永乐通宝”背“三钱”一品，左上角已残。正式颁行的仅为小平光背钱一式，文字仿金代大定钱，直径2.4厘米，重3.4～3.7克。

宣德九年（1434）铸“宣德通宝”，仅小平钱一种，光背，直径2.4厘米，重3.4克。宣德以后的几十年间，基本上没有铸钱。

弘治十六年（1503）恢复铸钱，为“弘治通宝”，按规定每文重一钱二分。实测弘治小平钱，直径约2.4厘米，重3.4～4克，含锡量较高，版式比较多，有的铸工较精，字体宏大，书法秀丽，背为狭轮细廓，与宋大观钱相仿；有的制作草率，钱色浅黄，字口较浅，钱文模糊，前一种为初复铸钱时所出。

嘉靖六年（1527）铸“嘉靖通宝”小平钱，种类很多，史书有记为金背、火漆、镟边等名称。所谓金背，实际是因嘉靖年间铸钱原料配比有了根本性的变化，开始以锌作为铸钱材料，铜锌合金即为常称之黄铜，经四次熔炼之黄铜，色泽金黄，以此铸成的钱币一改以前青铜之面貌，遂有金背之称。所谓火漆，是指经二次熔炼的黄铜，铸成钱币之光泽，逊于金背。所谓镟边，指铸成钱币再经过镟车加工边缘，钱体比较划一美观，但加工成本较高，以后则普遍改鑢锡打磨工艺了，因此凡属镟边钱均比较突出。“嘉靖通宝”钱文书体不尽一样，有的比较精神有力，有的生硬无神，因为此钱铸造时间较长，历经工匠转脱钱文制模，致使失去当初书法之神韵。嘉靖二十三年（1544）曾仿洪武钱铸记重钱五等，除小平钱未置记重外，有二钱、三钱、五钱、一两等，铸毕均入库，流入社会绝少。

嘉靖六年（1527）补铸累朝未铸钱，三十二年（1553）又令照新钱式补铸洪武至正德九种年号钱，每号一百万锭。实际建文、洪熙、正统、景泰、天顺、成化、正德钱并无正用品传下，所见某些藏品则为民间佩挂之花钱，如正德钱，其余多见伪作之品。

隆庆四年（1570）铸“隆庆通宝”小平钱亦有金背、火漆之称，铸造相当工整，直径2.45厘米，重大多超过4克，钱文书体清秀，数量少于其他明钱。

万历四年（1576）户、工两部开铸“万历通宝”小平钱，铸造比较精正，有光背的，有一部分置背文，分别为户、工、公、正等字，还有背置星、日、月纹的，一般直径为2.5厘米，重3.8～4.2克，有部分粗铸滥造的劣质钱，当为私铸品。有“万历通宝”折二钱，铜质细腻，钱缘细狭，有光背和背有孕星月纹二式。万历年间有铸银钱，背置文字，已发现有“矿银”“二钱”“矿银四钱”“五钱”“八钱”“九钱”等字，不是一般通用钱。

熹宗即位，于天启元年（1621）补铸泰昌年号钱。“泰昌通宝”铸造比较工整，大多经镟边加工，背光或有星、月纹。当年又始铸天启钱。“天启通宝”有小平、折二、折十，折十钱，背文比较复杂，有沿洪武折十钱式，背记值、记重置“十·一两”的，有置“十·一两”并置日、月纹的，有置记地、记值“镇·十”的，有记值、记重并记地“密·十·一两”的，有仅作记地的“府”，有仅记值“十”字的，记值“十”字有置穿上、穿下、穿右各式，有光背的。折二钱比较少见，有背上星，上二下星，上浙等式。小平钱背文复杂，记局、记地、记重的都有，而且形式不一致，如记重“一钱”，有两字叠置于右的，有右为一钱、左为一分的，有穿上为“一”，穿下为“泉”的，有穿右为“壹”，穿左为“钱”的。当时全国设炉比以前大大增加，计有156座，各地所铸钱难免不够统一，背文所以会有如此差异。

思宗崇祯年间（1628—1644）铸“崇祯通宝”，大量铸造通行的是小平与折二钱，还铸过少量折五钱和极少数当十钱，这两种钱在当朝未投入流通。崇祯钱以阔缘钱式为主，品种比天启钱更复杂，面文书体版式各异，背纹更是纷杂混乱，除光背与背星、月纹外，有记地、记监、记重、纪天干等，又有置“太平”“奉制”“奉旨”“新钱”“官”“局”等记寓某意的。崇祯钱前后所铸大小轻重悬殊，早期折二钱达7克左右，后来则比初铸的小平钱还轻，小平钱更是越铸越小，质量越发低劣，有的仅1克左右，钱文不清，有的钱肉缺铜，留有穿孔，已差到不可收拾之程度。

崇祯年之后，南明诸王开铸的钱币有多种。福王于崇祯十七年（1644）铸“弘光通宝”，以小平钱为主，少数为折二钱，版式比较多，“通”字有双点通、单点通之别，背有星纹，亦有光背。有一种背穿上置“凤”字的，为凤阳记地，马士英任凤阳总督时铸，有钱背穿右置“贰”字的折二钱。

唐王据福州，改元隆武（1645），铸“隆武通宝”，有小平、折二两种，折二为光背，小平除光背外，有置户、工、留、南等字的。鲁王据浙江，铸“大明通宝”，有光背和背置户、工、帅、招等字的，铸量不多。桂王据肇庆，改元永历（1647），铸“永历通宝”，铸期较长，种类很多，早期所铸以小平钱为主，面文真书，背光或置有星纹、文字，所置文字各种互相可连读，有御、敕、督、部、道、府、留、辅、明、定、国等，各种背字还有不同版式。后期所铸，有各种等次，背置“二厘”“五厘”“壹分”等，对银作价，为权银钱，面文亦真书。“壹分”的有大样、小样两种，小样与“五厘”的接近。小平钱中还有篆行书成对的，是永历五年（1652）郑成功在台湾抗清时委日本代铸的。

明末农民起义政权所铸的钱币亦有多种。崇祯十七年（1644），李自成在西安称王，改元永昌，铸“永昌通宝”小平、折五钱，版式有多种。张献忠于当年末在成都即位，改元大顺，铸“大顺通宝”小平钱，有光背和背置工、户、川等字的，又铸过“西王赏功”大钱，为金、银、铜三品，作赏赐之用。张献忠死后，养子孙可望入滇，称东平王（1649），铸“兴朝通宝”钱，有大、中、小三等，小平钱有背下置“工”字，中型背置“五厘”两字，直读，大型的背置“壹分”两字，亦为直读。

二 明代钱币铸行概况

1 | 洪武至崇祯时期

大一统的明王朝是中国封建社会经济史上的一个重要阶段。在其二百七十六年统治期间，商品经济与货币经济都有超越前代的显著发展，与之相联系的货币发行和流通货币结构也处在不断演变之中。明前期，太祖洪武八年正式颁行大明宝钞，恢复和重建了统一的纸币流通制度。由于宝钞是政府发行并强制流通的不兑换纸币，朝廷又采取无限额发行方针，虽曾先后严申用银用钱之禁，但无从阻遏宝钞不断贬值的必然趋势。此后，随着商品经济的发展，民间交易中私用银、钱流通的情况日趋扩大，不断加速纸币贬值和流通缩小的发展过程。明前、

△ **洪武通宝　明代**

直径4.24厘米，重19.4克

△ **洪武通宝　明代**

直径3.25厘米，重10.0克

△ **洪武通宝　明代**

△ **洪武通宝　明代**

直径4.75厘米，重43.0克

△ **洪武通宝　明代**

△ **洪武通宝　明代**

直径4.7厘米，重21.5克

△ **洪武通宝　明代**

△ **洪武通宝　明代**

直径4厘米，重16.4克

中期之交，英宗弛用银、用钱之禁，纸币流通更形阻滞。正统十三年（1448），已是明钞“积之市肆，过者不顾”。至孝宗弘治年间，纸币流通已名存实亡。明中期以后，白银在排斥纸币发展为普遍通用的货币的进程中取代了铜钱，成为流通中的主要货币，正式形成以银为主，以钱为辅，银钱兼用的货币流通制度，构成了中国封建社会后期货币流通的新格局。万历九年（1581）正式推行于全国的“一条鞭法”，实行“计亩征银”的赋税制度，为这一进程拓宽了道路。

明代，称本朝官炉所铸铜钱为“制钱”。制钱铸行情况大致经历了三个阶段，自洪武至隆庆的二百余年间，历十二帝，仅六帝铸钱，铸数都有限。万历中期才开始增加铸钱量，是明代铸钱量由少至多的转折阶段。经天启至崇祯时期，是明政府铸币膨胀和铸币贬损的阶段，形成铸钱愈益滥恶、钱制极为复杂与轻劣

△ **洪武通宝　明代**

直径4.5厘米，重27.5克

△ **洪武通宝　明代**

直径3.2厘米

△ 洪武通宝　明代

△ 洪武通宝　明代

△ 洪武通宝　明代

△ 洪武通宝　明代

△ 洪武通宝　明代
直径4.6厘米，重24.6克

钱泛滥的局面。

在第一阶段，洪武元年（1368）正月，朱元璋即皇帝位。三月，命京师宝源局及各省宝泉局开铸洪武通宝钱。洪武通宝继大中通宝之式，定钱制为五等，规定小平钱每文重一钱，折二钱重二钱，当三钱重三钱，当五钱重五钱，当十钱重一两。同时继续鼓铸大中通宝钱。

洪武四年，命改铸大中、洪武通宝大钱为小钱。

洪武八年，诏造大明宝钞，定宝钞每贯合铜钱一千文或白银一两，宝钞四贯合黄金一两。准铜钱与宝钞兼用。禁止金、银流通，只能用来向政府兑换宝钞。为推行纸币流通，当年先停止宝源局铸钱，接着再停闭福建宝泉局。次年，又“罢各布政司宝泉局”，停铸钱。

洪武十年，恢复宝源局与各省宝泉局，“铸小钱与钞兼行”。至洪武二十年，又停各省铸钱。

洪武二十二年六月，改定钱制，恢复铸行五等钱，钱重仍依洪武元年之规定。次年，改铜钱每文重一钱二分。其余四等钱，依平钱之重递增。

洪武二十六年七月，又停各省铸钱，仅宝源局照旧鼓铸。二十七年八月，因钞法阻滞，下令严禁用钱。此后，终洪武之世，经建文、永乐诸朝，至宣德末的四十一年间，皆守禁钱流通之制。

洪武时期，除福建、湖广、云南、贵州四省外，全国各省宝泉局约设钱炉三百二十余座，年铸钱能力约十八万九千余贯。史书所载，洪武钱年铸额最高的一年是洪武五年，铸钱二十二万二千四百余贯，应是宝源局与各省宝泉局的鼓铸总数。与北宋相比较，仅及元丰年间铜、铁钱总铸量的三十分之一左右。

按洪武年间《铸钱则例》规定，洪武通宝钱应用生铜（纯铜）铸造。实际上却因铜材缺乏，往往“皆用废钱及旧铜器铸之”。由于旧料铜质复杂，各炉铸钱虽不另加铅锡，但亦不提纯，故洪武钱成色不一。《明会典》还记载，洪武二十三年起，铸钱每文加铅二分，与此前所铸的洪武钱在成色上又有差异。

建文朝未铸钱。

成祖永乐六年（1408），铸永乐通宝钱。先在两京开铸，永乐九年，又令浙江、江西、广东、福建四省铸造。终永乐朝，所开省局仅此四处。

洪熙朝未铸钱。

△ **永乐通宝　明代**

直径一般约2.5厘米，重3.5克左右

永乐通宝铸于明成祖朱棣永乐年间，铸期长，铸量大，传世较多。永乐通宝多为小平钱，较洪武通宝钱精整、规范。钱文为楷体、直读，光背。

△ **永乐通宝·宣德通宝　明代**

明成祖永乐九年（1411）铸“永乐通宝”。

明宣宗宣德九年（1434）铸“宣德通宝”。

△ 永乐通宝　明代

宣宗宣德八年（1433），开铸宣德通宝钱，命两京宝源局及浙江、江西、广东、福建四省宝泉局铸宣德通宝钱十万贯。

永乐、宣德两朝铸钱所开省局相同，连两京在内，都只有六处鼓铸，因此，

△ 宣德通宝　明代

面、背径2.5厘米

△ 宣德通宝　明代

直径约2.4～2.5厘米，重约3克

宣德通宝平钱铸于宣德年间，今不难见到，铸文为楷体、直读，光背，较永乐钱粗糙。

年铸额大致都在十万贯左右，比洪武时期更少。

宣德以后，经正统、景泰、天顺、成化四朝，直至弘治十六年前（1436—1502），计六十六年未铸钱。

孝宗弘治十六年（1503），开铸弘治通宝钱，命两京及全国十三省一律开炉鼓铸，不仅下令恢复洪武年间各局炉数和铸钱额，而且规定南京铸钱数比洪武旧额增加一倍，湖广、福建、云南、贵州四省分别按照洪武期间浙江、广东、四川的炉数设置炉座。按此定制，全国钱炉总数增至四百二三十座，年铸钱能力可达二十五万贯以上，超过了洪武时期的铸钱规模，但弘治通宝的实铸量却远不及定额。弘治十八年，户部奏报各处铸钱情况说："今所铸者，才十之一二。"所以年实铸额不过四五万贯，还不及永乐、宣德时期。

弘治通宝钱原定每文重一钱。弘治十八年，改定钱重为每文一钱二分，铸钱成色为每用铜一斤加好锡一二两。改制之时，孝宗已卒，武宗已继位，次年即改元正德，故依新制所铸的弘治通宝钱不多，但按一定比例加锡铸钱，却成为嘉靖、万历鼓铸铜钱的成法。

正德朝未铸钱。

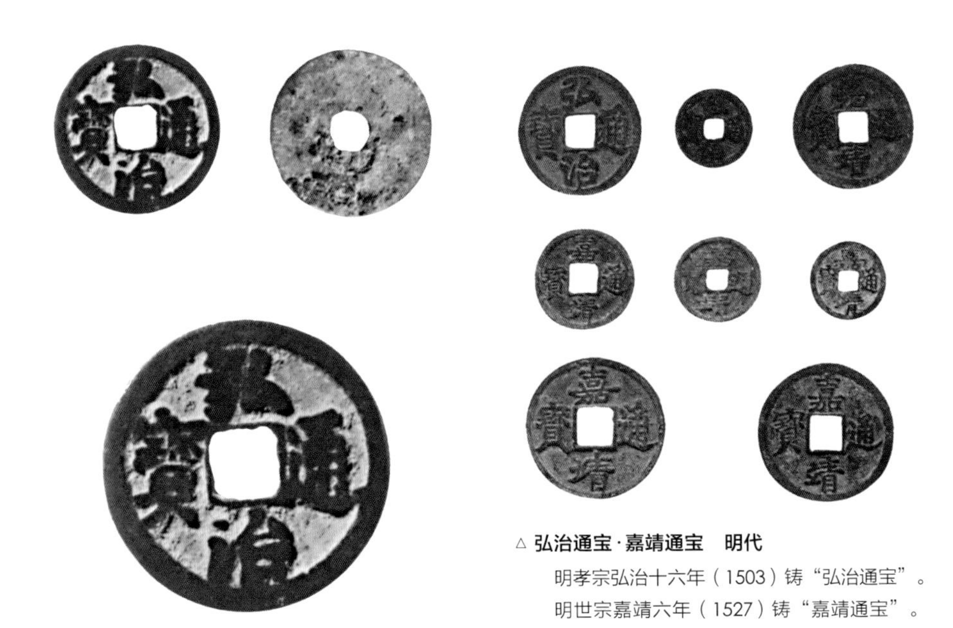

△ **弘治通宝·嘉靖通宝　明代**

明孝宗弘治十六年（1503）铸"弘治通宝"。明世宗嘉靖六年（1527）铸"嘉靖通宝"。

△ **弘治通宝　明代**

直径一般为2.4～2.6厘米，重约3克以上

弘治通宝始铸于明孝宗弘治十六年，铸期仅三年，为明代各朝中铸量较少的一种。弘治通宝版别较多，铸造尚工，面文楷书直读，光背。

世宗嘉靖六年（1527），开铸嘉靖通宝钱，令北京宝源局铸一万八千八百余贯，南京宝源局铸二万二千六百余贯，并令工部查照永乐、宣德两朝铸钱事例，于直隶、河南、福建、广东开炉鼓铸。除两京外，仅四省铸钱，规模略同于永乐、宣德时期。因此，年铸额亦仅十万贯上下。嘉靖中期虽曾有所增加，但增铸量并不大。如嘉靖二十四年，题准云南铸钱，年铸额为三万三千一十余贯。

嘉靖六年开铸嘉靖钱后，规定每文重一钱二分，千钱重七斤八两；每铸钱六百万文，用二火黄铜四万七千二百七十二斤，水锡四千七百二十八斤。嘉靖四十三年，改定钱每文重一钱二分八厘，千钱重八斤，每铸钱六百万文，用铜五万斤，加锡五千斤。这说明嘉靖朝已正式开始用黄铜铸钱，黄铜与锡的比例是十比一。为抑制私铸，嘉靖年间还采取官炉钱革新成钱工艺方法和采用精炼程度不等的黄铜等手段，铸造金背、火漆、镟边等三种钱。

嘉靖朝继永乐、宣德、弘治钱制，只铸小平钱。仅在嘉靖二十三年（1544）正月，令工部宝源局依洪武五等制，铸造折二、当三、当五、当十大钱，各铸三万文，陆续解进内库贮存。嘉靖大钱铸量极少，当时未正式投放流通。

嘉靖三十二年，世宗曾令补铸自洪武至正德纪元九号钱，每号一百万锭，嘉靖纪元钱一千万锭，共一千九百万锭，每锭五千文，总计九千五百万贯。令下后，大学士严嵩连续两次上奏，申言内库积存本朝钱与历代旧钱甚多，无补铸的必要；同时，户部存银不敷“京边岁用”，工部存银仅十万两，全部用于补铸，

△ 嘉靖通宝　明代

△ 嘉靖通宝　明代

△ 嘉靖通宝　明代

△ 嘉靖通宝　明代

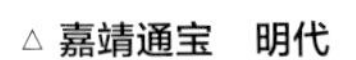
△ 嘉靖通宝　明代

△ 嘉靖通宝　明代

直径5.45厘米，重32.4克

△ 嘉靖通宝　明代

直径4.4厘米，重32.5克

△ 嘉靖通宝　明代

尚不足所需费用的十分之一，无从实施如此庞大的补铸设想。世宗遂依奏收回成命，距令下之日才十余天，因此，补铸之事并未实行。

穆宗隆庆四年（1570），开铸隆庆通宝钱。隆庆钱每文重一钱三分，亦铸金背、火漆钱。隆庆时期铸钱额较嘉靖朝减缩，隆庆五年十一月，户部解进内库的隆庆通宝钱计二百万文，合二千贯。依嘉隆时期两京铸钱以十分之一解进内库之例，当年两京铸钱仅二万贯，只及嘉靖时期两京年铸额之半数。

自洪武至隆庆，是明代铸钱时断时续、铸量有限的阶段。至万历时期，铸钱量才由少转多，成为明代铸钱的转折阶段。

神宗万历四年（1576），开铸万历通宝钱。由两京铸金背钱一万四千锭，火漆钱六千锭，共合十万贯，仍以一万贯进内库，并令十三布政司和南北直隶一律开局鼓铸，规定“各省直止许铸用镟边钱”。自此至万历二十年为止，年铸量虽较前有增加，但还不大。史载万历十三年共铸十五万锭，计七十五万贯；万历二十年，减为九万锭，计四十五万贯。万历十年，还曾下诏暂停各处钱局。

由于朝廷靡费的不断增加，尤其是万历二十年对日作战开始后，军费剧增，内外耗用更为浩繁，财政状况益见恶化，开始把铸钱视为取利之道，不断加炉增铸，以弥补财政亏空。万历二十年以后，先是陆续增置四十炉、五十炉；万历二十七年起，大量增加炉座，当年，增一百炉；万历二十八年，又命宝源局“加工添炉”；万历三十年，户部府军仓皆附铸，加二百五十炉，应天府又置一百炉。仅此一年，即增加三百五十炉，所添炉额几同于洪武时期全国钱炉总数。此

△ **万历通宝　明代**

△ **万历通宝　明代**

△ **万历通宝　明代**

明神宗万历四年（1576）铸行，万历大钱为镇库钱。

后，更是连续增炉鼓铸。万历四十八年，辽东战争开始，财政窘迫的万历朝廷更奉“今惟铸钱一法，可救助一时，亦可通行经久”之说为良策，所增钱炉和铸额已无从统计。

万历四年规定，每铸金背钱一万文，用四火黄铜八十五斤八两六钱一分三厘一毫，水锡五斤十一两二钱四分八毫八丝。火漆钱用二火黄铜铸造，铜、锡斤两同于金背钱。黄铜与锡的比例约为十五比一，用锡较前减少。每文重一钱二分五厘。除小平钱外，还铸折二钱。

由于铸钱量不断增加，铜材更为缺乏。为此，改招商买铜为佥报在京土著殷实人户，由户部洽批，令其垫本赴产铜处收买以供鼓铸的方法，并准许京师及外省富商、富民自办资本充商，采办铸钱铜材。

万历中，郝敬曾奏请铸造大明通宝当十、当三十、当五十大钱，钱面旁铸当十等字样，背铸私造罪罚及告捕赏格。这一奏议未获采纳。此前，嘉靖六年与隆庆三年都曾有人奏请铸造大明通宝钱，亦皆未实行。

万历四十八年（1620）七月，神宗卒，光宗即位，改元泰昌。九月，光宗卒，未及铸钱。十二月熹宗继位，令次年（天启元年，1621）两京及各处皆造泰昌通宝钱一年，再接铸天启通宝钱。

熹宗天启元年八月，铸完泰昌通宝钱，随即开铸天启通宝钱。天启二年，增设户部宝泉局，由户部右侍郎督理，名“钱法堂”，“又令各省直藩司开炉鼓铸”。此后，铸钱重心转向户部，“工部之所铸者微矣”。这是自元至正二十一年，朱元璋始设宝源局于工部，主掌鼓铸之事并开铸大中通宝钱以来，铸钱体制的重大变化。

天启时期，铸钱总额和开局之处较万历后期更有增加。“开局遍省直”，不少州、府新立钱局，加入鼓铸。关中地区、滇南荒徼及宣府、密云等军镇亦设局铸钱，都察院设局开铸则始于此。钱局既多，所铸之钱大小轻重有差，版别亦多，钱背文字有记地、记局、记重等多种，还有背铸标记者。此前，从永乐朝起，钱制简单，仅铸行小平钱一种，皆素背，仅嘉靖朝所铸大钱例外。万历时期，虽钱背又出现了记地、记局名等文字或星、月标记，但还较少见。除铸平钱外，只加铸折二一等。所以明代钱制的复杂时期，是以天启朝为起点的。

天启时，继承和发展了万历后期铸钱取利、弥补财政亏空的方针，设定“每年坐定铸息八十三万两”。不仅因辽饷匮乏而新设户部宝泉局“以助军兴”，并“开局遍天下，重课钱息”。在此方针下，京、省各处钱局必然广铸滥恶钱，以求厚利。加上司官和员役贪污舞弊成风，或贪污成钱，或克扣铜料，用更为轻劣的私铸劣钱掺入官钱以充定额，致使官炉制钱，“大都铜止二三，铅砂七八，其脆薄则掷地可碎也，其轻小则百文不盈寸也”。与先前明代各朝铸钱不爱铜，不惜工，务求工整厚重的传统迥然相异。

天启通宝开铸之时，所造仍系小平钱。天启二年七月，户部宝泉局开始铸造当十大钱，两京以外，如密云、宣府二镇，亦曾铸造。天启五年十月，因官、私所造轻劣大钱过多，流通阻滞，遂令两京停铸大钱，朝廷出白银、平钱回收当十钱，随即销熔改铸小钱，并令一应赋税丁粮等项都用大钱缴纳，限期收完。实铸大钱约三年余。

天启期间，还曾铸行折二钱。

天启通宝钱原定每文重一钱三分，千钱重八斤八两并曾动用国库储存的日本铅锡销熔入铜，铸造比较精整的天启通宝钱，因铜呈白色，故俗称“白沙钱”。但这一铸钱标准维持时间很短，天启二年，官炉钱已成滥恶之势。天启三年，南京所铸之钱，已降至每文重八分四厘，千钱只重五斤四两，成色亦由铜七铅三的旧制减为铜铅各半。地方所铸更为低劣。天启二年秋，小钱每文仅重七分许，千钱只重四斤八两，含铜量仅20％～30％。

天启元年八月，蓟辽总督王象乾曾奏请铸造当十、当百、当千三等龙文大钱，略仿白金三品之制，所请未被采纳。天启二年七月开铸的当十大钱，钱文钱式皆参照洪武、嘉靖之制，概无龙文，而且与王象乾之议已相隔一年，两者之间并无联系。

天启时期，铜材缺乏问题较前更为突出。明初铜价每百斤值银五两，万历时已涨至十两五钱。天启年间，黄铜每百斤值银十二两，红铜价已达银十四两三钱。不仅铜价上涨，而且因铸钱量的扩大，采买铜材仍不敷鼓铸之需。天启五年，明熹宗曾专遣工部主事征刮南京旧铜供铸钱；天启七年，又命清查内库和太常寺库存及光禄寺、各衙门旧铜器“以资鼓铸”。在此情况下，增加铸钱量以求重利和铸钱益趋滥恶，必然成为同步发展的两个平行过程。

天启七年八月，熹宗卒，思宗即位。十二月，定崇祯通宝钱式，每文重一钱三分，“务令宝色精彩，不必刊户工字样”，取消背文，讲究铜质与铸工，意欲整顿币制。

◁ **天启通宝　明代**

直径4.76厘米，重33.9克

△ 天启通宝　明代

△ 真明“天启通宝”背“十一两”　明代

直径4.7厘米

△ 天启通宝　明代

△ 伪明“天启通宝”背“十一两密”

直径4.6厘米

△ 天启通宝　明代

△ 天启通宝　明代

△ 天启通宝　明代

△ 天启通宝　明代

△ 天启通宝　明代

△ 天启通宝　明代

直径一般为4.5～4.8厘米，重约20～30克

天启通宝分小平、折二和折十，明朝天启年间铸行。钱文为楷书、直读，版别较多，小平和折二钱计有光背、背星月纹、记重、记局、记地等数种。折十型钱亦分光背、记值、记重、记地。此图为特殊版别的天启折十钱，背文是折十型“十一两”钱的又一种写法，属大钱中的一种稀有版别。

△ 天启通宝合背钱　明代

△ 伪明“天启通宝”

直径2.4厘米

△ 泰昌通宝·天启通宝　明代

崇祯元年（1628），开铸崇祯通宝钱，改令每钱一文，用铜二钱，剉磨之余，重一钱二分五厘。钱制虽定，却难以维持。当年十一月，陕北起义爆发，此后发展迅猛，陕、甘、川、豫、皖及湖广等地皆成战场。同时，辽东战局日渐危殆。在内外战争中，社会生产破坏严重，水旱虫荒相继，朝廷财政经济与政治统治已成全面崩溃之势。“军兴烦费”，三饷加派不足以应付，铸钱取利更成搜刮小民的重要手段之一。崇祯时期，设局加铸之处，较天启时大为增加。崇祯中期，因“内帑大竭”，又“命各镇有兵马处皆开炉鼓铸，以资军饷”，形成京、省、州府边镇、军卫、仓、院等“铸厂并开”的局面。所铸之钱，文字、轻重、大小、厚薄及铸作往往相异；背文则更为繁杂，不仅有星、月等记号，还有文字纪干支、记局、记地、记重、记事、记局兼记值等，种类达数十种之多，并出现了背穿下奔马图形的南京钱，俗称“跑马崇祯”钱。所以，崇祯钱制又远比天启钱复杂，是中国铜钱中最为复杂的一种。

崇祯时期曾铸大钱，有折二、当五、当十共三等。

崇祯元年颁定钱重等制后不久，铸钱就迅速趋于轻劣。崇祯三年，改定钱式，每文重 钱，每千值银一两，南京铸钱，每文重八分。事实上此规定亦是空文。崇祯十一年，工部侍郎张慎言指出，“今日金钱四万，正抵前日一万之数也”“今日非钱少之患，正钱多之患”。官炉钱与私铸劣钱已难区别，钱局舞弊中饱之事层出不穷。

崇祯时，“铸厂并开，用铜益多，铜至益少”，朝廷不仅派专官四处购铜，还遣官在产铜之处采冶鼓铸，并且搜括民间废铜，尽出库存古钱、古铜器，销熔铸钱。大批内府宣德铜器和三代古物毁于此时。崇祯末，铸钱量的急剧增加，造成铜材更加紧缺、减铜和淆杂滥恶钱的极度充斥，三者之间的内在关系、恶化程度和发展进程都是天启时所远不能及的。

△ **崇祯通宝　明代**

△ 崇祯通宝　明代

△ 崇祯通宝　明代

△ 崇祯通宝　明代

△ 崇祯通宝　明代

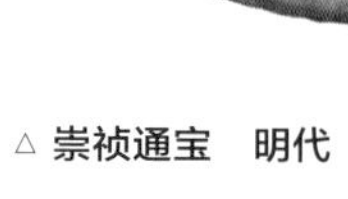

△ 崇祯通宝　明代

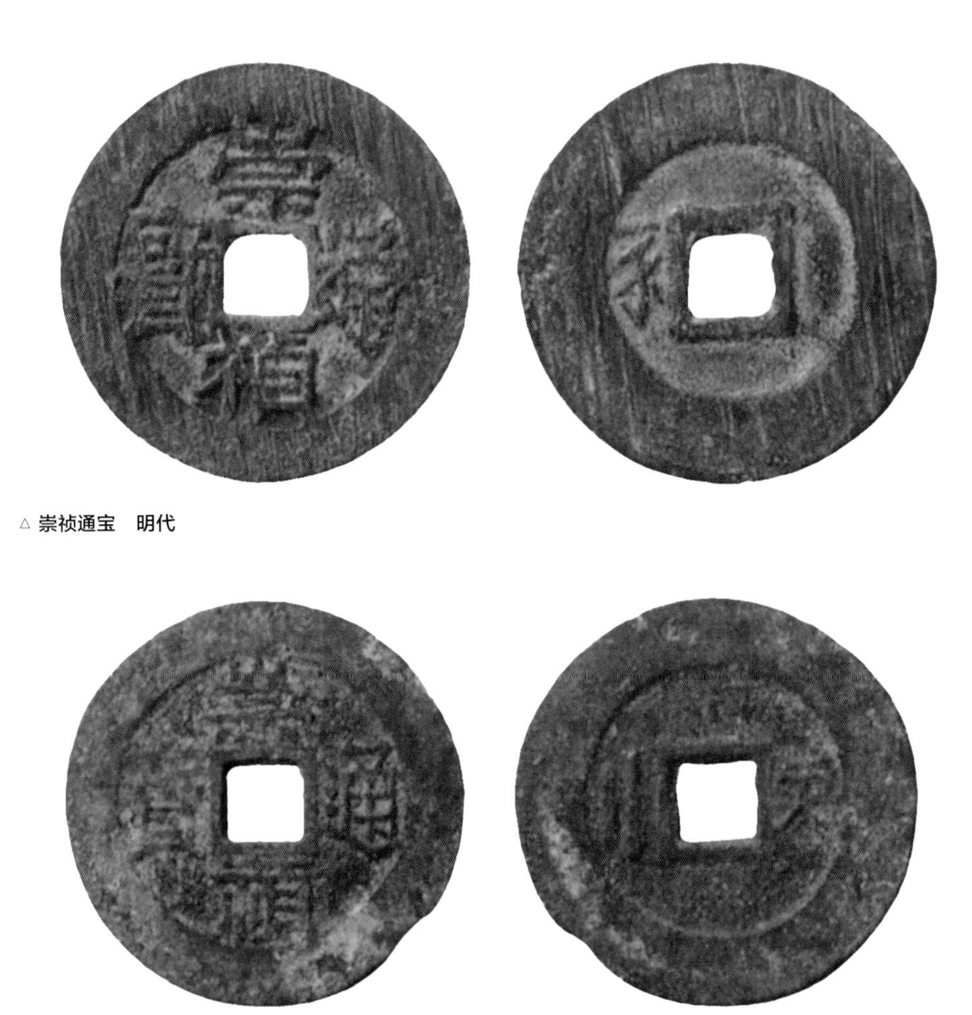

△ **崇祯通宝　明代**

△ **崇祯通宝　明代**

2 | 南明时期

崇祯十七年（顺治元年，1644）四月，清军入关，五月占领北京，开始进行大规模的征服战争。明朝在南方的残余力量拥立宗室藩王，继用大明国号，先后建立过几个政权，史家统称之为“南明”。其中，有四个政权曾铸行过钱币。

崇祯十七年五月，福王朱由崧在南京即帝位，定次年改元弘光。当年十月，铸弘光通宝钱，有小平、折二两等。弘光元年（顺治二年，1645）五月，清军攻占南京，福王政权瓦解。同年六月，鲁王朱以海监国于绍兴，铸大明通宝钱，皆为小平钱，未铸大钱。永历五年（顺治八年，1651）九月，清军攻占舟山，鲁王奔福建。次年正月，至厦门依郑成功。

△ **真南明“大明通宝”　明代**
直径2.4厘米

△ **伪南明“大明通宝”**

隆武元年（顺治二年，1645）闰六月，唐王朱聿键在福州称帝，改元隆武，铸隆武通宝钱，有小平、折二两等。次年八月，清军入闽，唐王政权崩溃。

隆武二年（顺治三年，1646）十一月，桂王朱由榔在广东肇庆监国。次年初称帝，改元永历，铸永历通宝钱，有小平、折二及背文五厘、一分四等。永历钱较复杂，仅小平钱就有背无文、背有星及背铸不同文字等，版别亦不少。这显然与永历政权是南明王朝中存在时间最长，领有的区域较广，处在战乱环境中不断辗转迁徙的情况相联系的。

永历元年（顺治四年，1647）起，桂王在清军围攻的压力下，奔突回旋于广东、广西之间，情势益见穷蹙。永历五年（顺治八年，1651）二月，桂王封占据云贵地区抗清的大西军余部主将孙可望为秦王，联合在大明永历旗号下抗清。孙可望遂在云贵地区铸行永历通宝钱，遵义是重要的铸地之一。永历六年二月，孙可望迎桂王至贵州安隆府。永历十年，桂王移居昆明。永历十三年，清军攻占昆明，桂王走缅甸。永历十五年，吴三桂入缅甸，俘桂王。永历王朝结束，计有国十五年。其中，在云贵七年余，故云贵两地是永历钱的重要铸行地区之一。

△ **永历通宝　明末清初**

△ **永历通宝　明末清初**

永历三年，郑成功接受桂王“延平公”封号，奉永历为正朔。此后，亦铸用永历钱。永历十五年，郑成功收复台湾后，仍用永历年号，在台湾继续铸行永历通宝钱。清康熙二十二年（1683），清军入台湾。二十七年，清政府才在台湾铸行康熙通宝钱。此后，永历钱仍在台湾流通了较长的一段时间。所以，福建、台湾也是永历钱的重要铸行地区。

△ **永历通宝　明末清初**

明末桂王朱由榔永历元年（1647）铸于肇庆。

△ **永历通宝　明末清初**

△ **隆武通宝·永历通宝·昭武通宝　明末清初**

3 | 明末清初农民起义军钱币

明末农民起义军在建立政权后，亦铸行钱币。

崇祯十七年（1644）正月，李自成在西安称王，国号大顺，建元永昌，铸永昌通宝钱，有小平、当五二等。西安是永昌钱的鼓铸中心。李自成占领北京后亦曾在当地铸钱。此外，见于史载的曾铸造过永昌钱的地方还有山西、武昌等地，但永昌钱的传世品及出土品散布地区很广，陕西、甘肃、青海、宁夏、湖北、湖南、河南、北京等地都有多少不同的发现，所以其铸地可能不止史书述及的几处。顺治二年（1645），李自成死于湖北九宫，余部渐次转移至湘西、鄂西、川东地区继续抗清，直至康熙三年（1664）才宣告结束。在此二十年间，永昌钱在这些地区可能仍有铸造。对此，尚待考古资料的进一步证实。

在出土的清初窖藏钱中，曾发现清钱中杂有永昌通宝钱，说明清初永昌钱仍在民间流通。

明崇祯十七年（清顺治元年，1644）十一月，张献忠在成都称帝，国号大西，建元大顺，铸大顺通宝钱，仅有小平钱。顺治三年十二月，张献忠死于四川西充，余部在其养子孙可望、李定国率领下转入云贵，继续抗清。

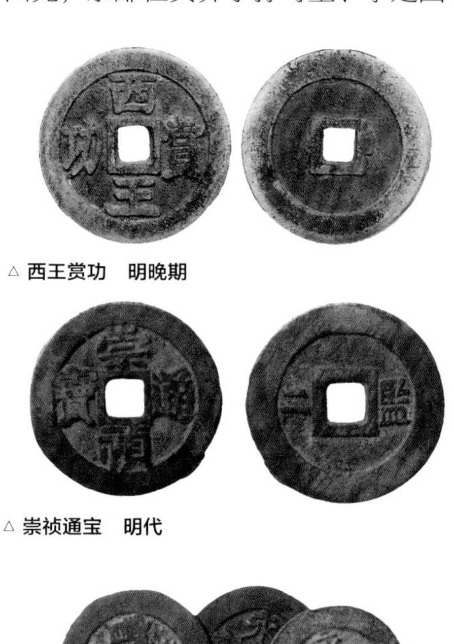

△ **西王赏功　明晚期**

△ **崇祯通宝　明代**

△ **永昌通宝　明晚期**

△ **真李自成“永昌通宝”　明晚期**

直径2.5厘米

大中通寶

第十章 清代钱币

清代钱币的发展历程

清代货币制度一开始是承袭明制，总的说来是银钱并用，钱币在清代自始至终得以铸行。

清代称由本朝定制，由官方钱局铸造的单位通用钱币为制钱，其值相当于历朝铸行的一文小平钱，有别于前代留下的古钱，有别于私铸钱。咸丰以后推行的大额当值钱币简称为大钱，不称制钱。

清初朝廷对制钱的制式有过多次探索，雍正以后统一确定了铸钱局名称和制钱的形制，规定钱局名称，首字一律称宝，第二字为所属之简称，户部所属钱局称宝泉局，工部所属钱局称宝源局，各省只准设置一局，取省名一字为简称，如江苏省属钱局称宝苏局，其余类推。规定各局所铸钱币在钱背左右置满文局名二字。咸丰年间推行之大钱的背文，除了与制钱一样左右置满文局名外，在上下置当值。因此在清代钱币上，绝大部分出现了满汉两种文字。

清代钱币基本上是采用传统的翻砂铸造工艺。清末少数钱币采用了机制工艺。铸材以黄铜为主，兼有青铜。清代钱币在继承明代风格的基础上又有进一步的发展。清代制钱的钱体更显得扁平，穿口较狭小，边缘大多宽阔，钱文均以年号连通宝为称。钱币文字书体，前期普遍采用宋体，同治、光绪以后，逐步以真书、宋体兼行。

清代发生的太平天国农民起义，在定都天京以后铸行钱币，还有一些民间秘密会党团体亦曾铸造钱币。

清末中国在外国资本主义势力的强烈冲击下，传统的货币制度受到动摇，通用了两千多年的方孔圜钱走向衰落，逐步被近代的纸币、银元、铜元替代。

1 | 清入关以前铸行的钱币

清在入关以前已开始铸行钱币。公元1616年，后金天命年号确定后，铸造了满文“天命汗钱”和汉文“天命通宝”两种小平钱。“天命汗钱”钱文为老满文，读序与常见的钱币不同，以左右上下为序，钱文“天命汗钱”意释亦可作“天命通宝”解，钱币直径2.9～3厘米，重8克左右，背无文字或纹饰，采用母钱翻砂铸造，铜质尚可，但铸工大多不精，错范、流铜、缺铜现象常见。由于采用的母钱不统一，流传下来的钱币虽然文字相同，但书写上互有区别，版式十分繁杂，很难一下子找到二枚写法完全相同的“天命汗钱”。

“天命通宝”钱文真书，对读，钱径较满文“天命汗钱”小一周，直径2.3～2.7厘米，重量相差较大，轻的约为3克，重的超过5克，钱文书体模仿明“天启通宝”小平钱，满族人不善书写汉字，书法远远不及天启钱，特别是“命”字，有的书写已完全脱体，难以辨认。钱背无文字、纹饰。铜质与铸造水平比满文“天命汗钱”更差些。

1627年，皇太极嗣位，改元天聪，铸满文“天聪汗钱”，钱币采用老满文，背仿明“天启通宝”当十大钱，置满文“十・一两”，直径略小于天启当十钱，在4.3厘米左右，重36克左右，面文读序为左上下右，版式有许多种。“天聪汗钱”意释可作“天聪通宝”解，穿上满文意“十”，亦有置于穿左的，穿右满文意“一两”。

△ **天聪通宝　后金**

直径4.305厘米，厚0.35厘米，重33.8克

△ **天聪汗钱　清代**

清太宗皇太极天聪元年（1627）铸。钱文为老满文。

△ **伪清“天命通宝”**

直径2.4厘米

△ **满文天命汗钱　后金**

两枚，努尔哈赤铸钱。

△ **天聪汗钱　后金**

天聪汗钱（亦有称“天聪通宝”）为当十大钱，皇太极继汗位后，改元“天聪”开铸此钱。天聪汗钱所使用的老满文是在蒙文字母基础上创制而成的（即用蒙文字头，谐女真语音合成）。天聪钱背满文，穿左为“十”，穿右为“一两”（仿明朝天启当十钱制）。早期制作不精，因掺铅锡比重过大，铜色呈青灰，后期铸造渐精。天聪汗钱铸量小，传世不多，今很难见到。

2 | 顺治朝钱币

入关以后，清顺治元年（1644），工部设置宝源局，户部设置宝泉局，开铸“顺治通宝”制钱。“顺治通宝”前后有过五种制式。

顺治元年开铸第一种，仿照明代小平钱一般式样，背无文字和纹饰，钱面文字对读，书体为宋体，“宝”字大多从“尔”，偶见从“缶”的，“通”字有双点和单点之区别，“通”头有方与角头二种写法，钱径为2.5 ~ 2.6厘米，重3.5 ~ 4.5克，为宝泉局和宝源局初铸钱式，常称为顺治光背钱或顺治一式钱。

顺治元年即开始铸行第二种，钱背以一个汉字记铸地或铸局。户部宝泉局所铸，背一个“户”字；工部宝源局所铸，背置一个“工”字。顺治二年（1645）后由户部题，在陕西、临清、宣府、蓟州、延绥、山西、河南、大同、密云、荆州、武昌、江宁、浙江、山东、福建、襄阳等省、镇、府、州设局铸造，背字分别为陕、临、宣、蓟、延、原、河、同、云、荆、昌、宁、浙、东、福、襄等，背字位置各局钱币不全统一，有置穿上，有置穿左或穿右，有的局所铸还有多种位置。常称此式为顺治单汉字钱或顺治二式钱。

顺治初年，清廷对钱币制式尚在努力探索之中，朝廷官员有请铸当五钱、折二钱，但没允准。流传下来的顺治钱，有背置一、二等字或有星纹的，有与明天启当十大钱相仿的背“十・一两”的顺治折十型大钱，这些特殊品种一般均为当时探索中的试样钱。

顺治十年（1653）又铸第三种，背面除置汉字局名外，添铸“一厘”两字，标明银两的比价，即十枚制钱准银一分，千枚折银一两，亦属权银钱之性质，常称此式为“一厘钱”或顺治三式钱。一厘钱背穿左叠置“一厘”两字，穿右置局名，共17种：户、工、陕、临、宣、蓟、原、同、河、昌、宁、江、浙、东、福、阳、云。有些为特殊品，如穿右置“东”字，穿上下置“一厘”，或穿上置“原”字，穿下横置“厘”字等，为有关钱局试铸一厘钱之样钱。

顺治十四年（1657）户部议定各省铸炉一概停止，仅留京城宝泉局、宝源局继续铸钱，开铸顺治第四种钱，背面置以满文“宝泉”或“宝源”两字，为新满文。常称此式为顺治四式钱。

顺治十七年（1660）开始铸造第五种钱，除户、工所属两局仍然铸造第四式钱外，各省钱局所铸制钱背文均改用满汉文各一字，穿左为满文，穿右为汉文，同为各省钱局之简称，共有十二种局名：陕、临、宣、蓟、原、同、河、昌、宁、江、浙、东。常称此式为满汉文钱或顺治五式钱。

清廷为调整铜钱与银两的比价，不断重新规定制钱的重量。顺治元年初定制钱每文重一钱，七文准银一分。顺治二年重定制钱每文重一钱二分。顺治四年重定制钱每十文准银一分，并企图从此维持这一比价。顺治八年又重定制钱每文重一钱二分五厘，以后又数次调改制钱重量，因此所见顺治钱之重量不很统一。

顺治初年，对顺治钱的金属成分就有明确规定，以红铜七成、白铅三成搭配鼓铸。清代称锌为白铅，因此顺治钱的主要金属成分是铜锌合金，即常称之为黄铜。从总体上讲，顺治钱的成分基本上符合规定，因此色泽亦比较一致。

△ **顺治通宝　清代**

直径2.6厘米，重5.9克

河一厘样钱

◁ **顺治通宝·顺治一式钱　清代**

清世祖顺治年间（1644—1661）铸币。“顺治通宝”和“顺治一式钱”形制仿古，面文工整，素背。

△ **顺治通宝（背同）**

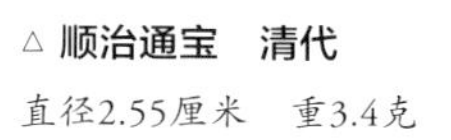

△ **顺治通宝　清代**

直径2.55厘米　重3.4克

△ **伪清“顺治通宝”**

直径4.5厘米

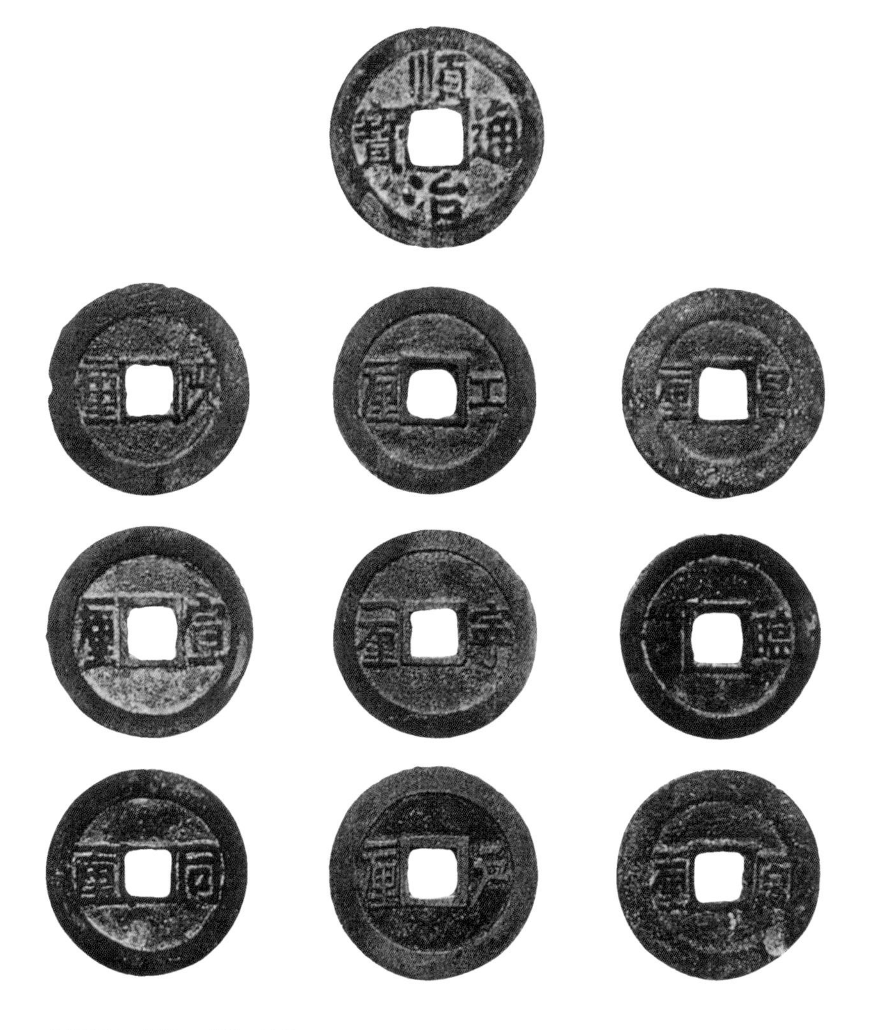

△ **顺治通宝·顺治三式钱　清代**

△ 顺治通宝雕母背原　清代

△ 顺治通宝　清代

△ 顺治通宝　清代

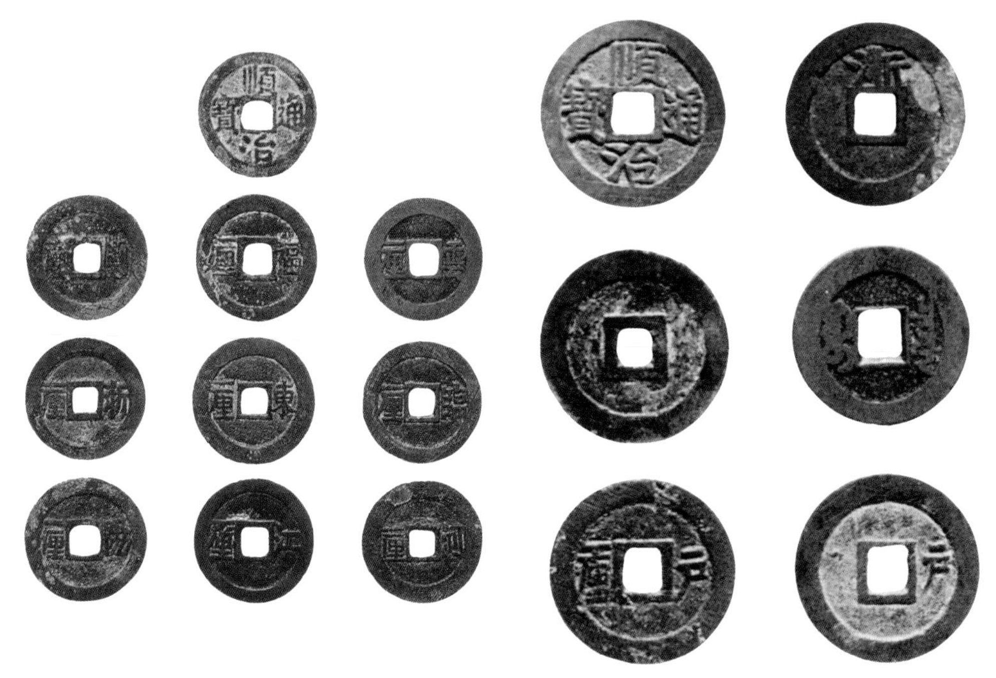

△ **顺治通宝·顺治三式钱 清代**

顺治通宝、顺治三式钱，制式为背穿右置汉文局名，背穿左置文“一厘”记值。

△ **顺治通宝 清代**

平钱直径为2.5厘米

△ **顺治通宝（背“河”）**

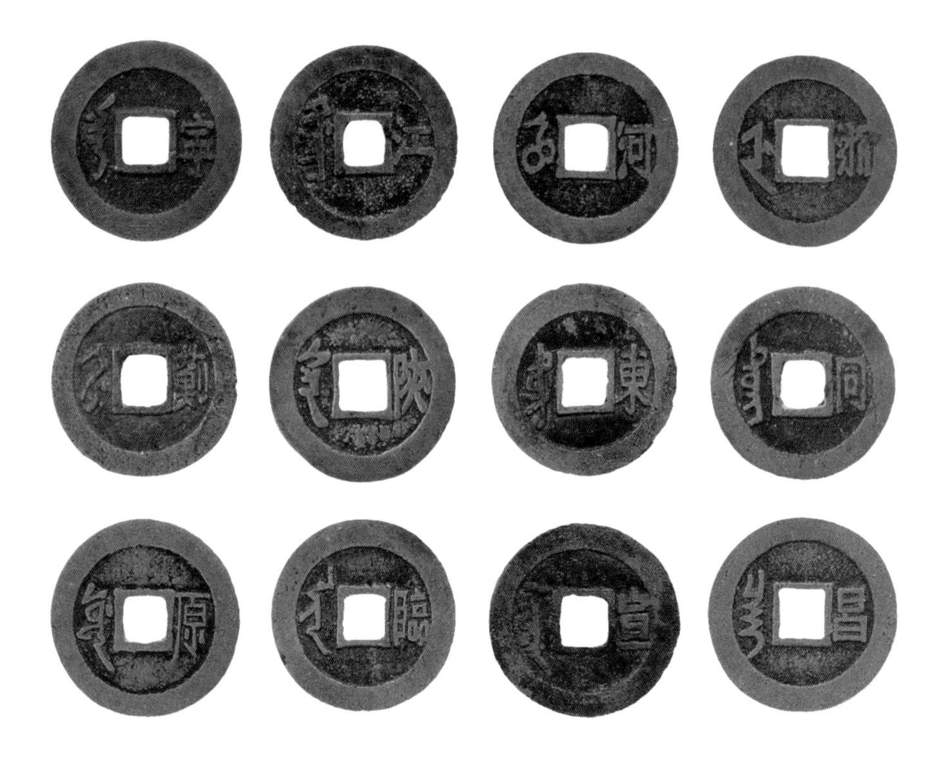

△ **顺治通宝·顺治五式钱　清代**

顺治通宝、顺治五式钱，背穿左铸满文“宝”字，背穿右铸汉文记局，开创满、汉文合文钱的形式，为清后世钱文的基本制式。

3 | 康熙朝钱币

康熙元年（1662）始铸“康熙通宝”钱，当时只有户部所属的宝泉局与江宁府局开炉铸钱，其余各局均受令而停铸。康熙六年（1667）以后其他各局才相继开炉鼓铸。

“康熙通宝”钱铸行时间前后达61年，铸造数量极多，但品种却比顺治钱简单得多。宝泉、宝源两局所铸的沿袭顺治四式钱之制式，背置满文局名“宝泉”“宝源”。各省所铸的，背文沿袭顺治五式钱，置满汉文局名简称各一字，有同、福、临、东、江、宣、南、苏、蓟、昌、河、宁、原、浙、广、台、桂、陕、云、漳。民间有将二十局名排成诗句吟诵，故有称之为康熙通宝诗钱。实际还有甘肃巩昌局、山西荣河局铸的，背字为鞏、西，存世极少。各局所铸的康熙制钱，细分有多种版式，如宝泉、宝源两局所铸有钱缘特别宽阔的，湖南省局铸的背有置星、月纹的，福建省局铸的背有置纪年的，“通”字有双点的、单点的，“熙”字有从“臣”或从“匠”的等。宝泉局铸有一种单点“通”“熙”字从“臣”的“康熙通宝”，铜质比其他版式的更精良，比较突出，俗称为“罗汉钱”。

康熙朝对制钱重量前后有过两种规定，开始规定重一钱四分。二十三年减为一钱，四十一年又恢复了制钱一文重一钱四分之规定，因此在不同年份鼓铸的康熙钱其大小轻重有较大区别。最为明显的是台湾铸造的康熙钱，直径、重量比其他省局所铸的均小，其原因在于台湾设炉鼓铸康熙钱是在康熙二十七年（1688），此前四年已规定制钱每文减为重一钱了，当恢复钱重之后，又基本上没有铸造，因而台湾铸的康熙钱多为小样。

“康熙通宝”之金属配比，开始仍按顺治朝之规定铜与锌为七与三之比。康熙二十三年后，重新规定制钱铜锌为六与四之比。康熙二十二年（1683）前，铸钱铜料一是来自内地，二是收购旧钱、铜器作为补充。康熙二十三年以后，设立海关，洋铜开始较大数量流入中国，逐步成为铸钱原料的重要来源。

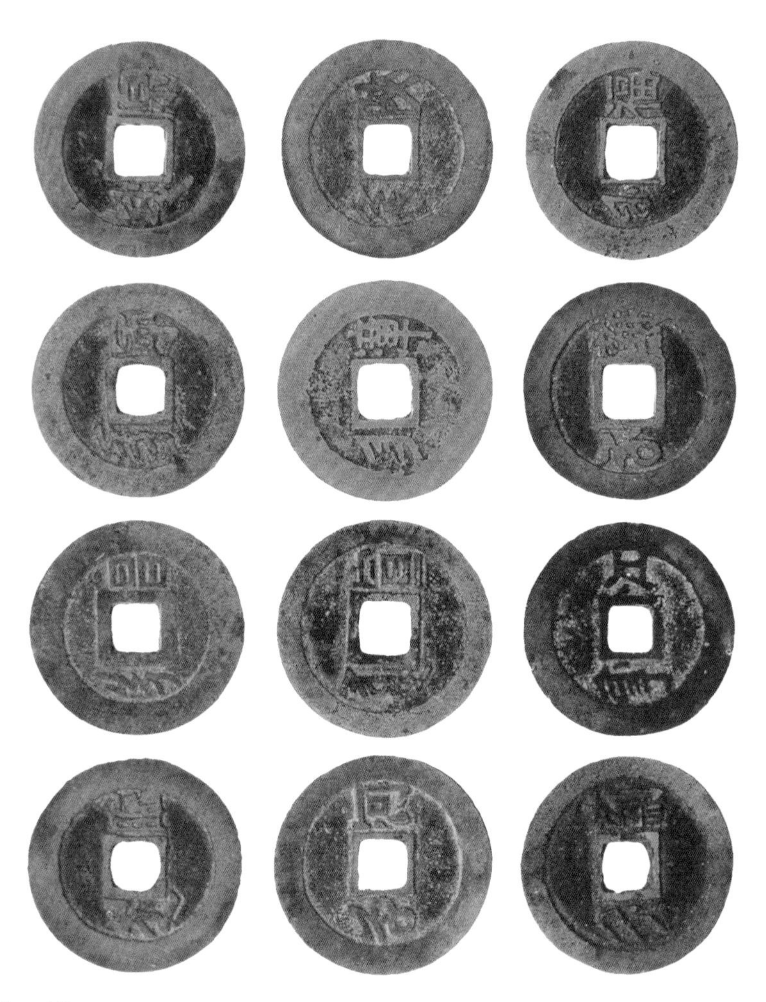

△ **康熙通宝　清代**

△ **康熙通宝　清代**

康熙年间（1662—1722）铸行，以工部、户部为主的宝泉、宝源二局背满文，地方各局铸钱，则以满、汉文记局。

△ **康熙通宝　清代**

△ **康熙通宝　清代**

直径2.56厘米，重4.8克

△ **康熙通宝　清代**

直径4.5厘米

△ **康熙通宝　清代**

直径2.75厘米，重5.2克

△ **康熙通宝　清代**

直径2.7厘米，重4.6克

平钱及折二、折十型大钱。户、工二部所铸背满文记局，外省各地所铸背满、汉文记局。

△ **康熙通宝　清代**

直径2.6厘米，重3.5克

△ **清康熙通宝背台字钱　清代**

康熙通宝背台字钱，铸于康熙元年（1662）。康熙年间全国二十处铸钱局分布于各省，简缩成满汉文单字，铸于康熙通宝背面。其中，“台”字钱是铸钱最少的一种，而大台又少于小台。此外偶见背“巩”及背“西”钱，系补铸、后铸品，不属二十钱局之内。

△ **康熙通宝　清代**

康熙通宝分小平、折十（当十大钱属试钱，传世极少）两等。康熙皇帝在位61年，因而康熙通宝钱铸期长，铸量大，但版式却只有两种。一式背满文钱局，为宝泉和宝源二局钱造，二式背满汉文局名，背穿左为满文局名，穿右为汉文局名。

△ **康熙通宝　清代**

△ **康熙通宝　清代**

△ 康熙通宝（正、背面）

△ 康熙通宝（正、背面）

4 | 雍正朝钱币

康熙六十一年（1722）冬，即行整顿各地钱局设置和严肃钱法。雍正朝开始，各省只准设立一个钱局，规定各省钱局名称均以宝泉局、宝源局为样，称作宝某局，以明示某省所设钱局。各局所铸钱币面文为“雍正通宝”，书写遵照部颁样钱之式，为宋体汉文，背文一律用满文两字示明钱局名称。值得注意的是，各省所用之简称与康熙朝不完全相同，如“康熙通宝”，山西大同局铸简称“同”，太原局铸简称“原”，山东省局铸称“东”，江苏江宁府局铸称“宁”，苏州府局铸称“苏”。而“雍正通宝”，山西省局铸简称“宝晋”，山东省局铸简称“宝济”，江苏省局铸简称“宝苏”。因此不要简单地将“康熙通宝”上的简称移植为“宝某局”，一是康熙朝还没有这种形式的钱局称谓；二是有的钱局在康熙朝为府、镇、州所属，到雍正朝定局名为“宝某局”称时各省仅设省属一个钱局，有的简称在康雍两朝钱币上虽然均有出现，但是在康熙朝钱币上是某府、镇、州之简称，而在雍正朝钱币上则是某省之简称，前后不能混淆。如“苏”字在康熙钱上为“苏州府”之简称，在雍正钱上则是“江苏省”之简称。

发现的“雍正通宝”制钱，有宝泉（户部）、宝源（工部）、宝昌（江西）、宝苏（江苏）、宝武（湖北）、宝浙（浙江）、宝河（河南）、宝云（云南）、宝南（湖南）、宝安（安徽）、宝黔（贵州）、宝巩（甘肃）、宝济（山东）、宝晋（山西）、宝川（四川）等省局所铸的；至于有些钱币著述上所提到的“雍正通宝”宝宁、宝福、宝桂、宝陕、宝广钱，实际上未发现过实物。

雍正制钱开始依康熙四十一年制，每文重一钱四分，雍正十一年（1733）减为每文重一钱二分，以此至咸丰二年的百余年间，清廷不再变更制钱的规定重量。雍正朝正值整顿钱法，对钱币的铸造管理较严，因此“雍正通宝”钱制作都比较规整一致，减重小钱并不多见。有一种背满文为“宝黔”的，直径较一般大一周，是仅见的折二型钱，比较罕见。

△ **雍正通宝　清代**

直径2.9厘米，重约5克

雍正通宝为雍正年间铸造的制钱，传世多为平钱，面文“雍正通宝”为楷体、直读。

△ **雍正通宝　清代**

△ **雍正通宝　清代**

5 | 乾、嘉、道三朝钱币

雍正十三年（1735）题准，乾隆元年（1736）开铸“乾隆通宝”制钱，除京城宝泉、宝源两局开铸外，各省局亦相继鼓铸，钱背依照雍正朝定式，置有满文宝泉、宝源、宝苏、宝南、宝浙、宝武、宝济、宝晋、宝川、宝黔、宝云、宝昌、宝福、宝桂、宝直、宝广、宝陕等字。

乾隆以前，历朝制钱原料不配置锡，钱色发黄，有称之为黄钱。乾隆五年（1740），朝廷采纳浙江布政使张若震奏请铸钱加入点锡之议，以后铸钱除以铜、铅、锌为原料外，再加入点锡，其中铜为50%，锌为41.5%，铅为6.5%，锡为2%，铸成制钱色显青黄，有称之为青钱。因而乾隆制钱中黄钱、青钱并存。

乾隆六十年（1795）高宗引退，准嘉庆元年（1796）始铸“嘉庆通宝”新钱，开始是乾隆、嘉庆制钱各半分铸，故有部分“乾隆通宝”是嘉庆年所铸的，在钱币风格上与同铸的“嘉庆通宝”完全一致。嘉庆六年（1801）开始，各局遂停铸乾隆钱，全铸嘉庆钱。“嘉庆通宝”铸局基本上是乾隆朝相沿，背满文袭用前朝。

嘉庆四年（1799）规定铸钱原料按铜52%、锌41.5%、铅6.5%配置，嘉庆五年（1800）改为铜54%、锌42.75%、铅3.25%配置。嘉庆年间钱局偷工减料时有发生，因此有的钱币文字不清、体小轻薄，质量参差不齐。

嘉庆二十五年（1820）题准，道光元年（1821）各局相继开铸“道光通宝”新制钱，制式遵照原有定式。道光年间钱局偷工减料更为严重，官炉偷铸轻小劣钱情况比较普遍，即便京城宝泉、宝源两局所铸的，亦是体小轻薄的较多，用料铜少铅多，因而钱质松脆，文字模糊；省局所铸的，更是大小轻重不一，模糊不清。如宝苏局、宝浙局所铸劣钱，当朝就有称之为“局私”钱，大样精整的制钱已是少见。

乾隆二十四年（1759），清平定了新疆之乱，当年即在叶尔羌设立钱局，铸造方孔的“乾隆通宝”铜钱。因新疆原流通准噶尔铸行的圆形无孔“普尔”钱，有称新铸乾隆钱为新式普尔钱。继后，又在阿克苏、伊犁、乌什等地设局鼓铸“乾隆通宝”钱。由于新疆本地不产锌，来自湖北等地采办运入，费用颇重，因而议准新疆铸钱不照内地配置，改用铜70%、铅29%、锡1%相配，因此新疆所铸制钱大多为红色，常称其为新疆红钱。

嘉庆年间，新疆仅宝伊与阿克苏两局铸造“嘉庆通宝”红钱。道光年间，新疆仍是宝伊与阿克苏两局铸钱，除铸“道光通宝”制钱外，道光八年（1828）在阿克苏局首先开铸了大钱。有当五钱，在钱背上添铸汉字“八年・五”字样；当十钱，在钱背上添铸汉字“八年・十”字样。

新疆所铸乾嘉道三种制钱，基本形制统一于清钱制式，面文用汉字。背文有两种基本类型，一种是以宝伊局所铸为代表，与其他各省所铸相同，置满文“宝伊”两字；另一种以叶尔羌、阿克苏、乌什等局所铸为代表，穿左为满文，穿右为维吾尔文，均为铸局名称。

乾隆五十八年（1793），西藏乱局已得平定，奏准鼓铸银钱，面文为汉字“乾隆宝藏”，中置方孔形图案，但不穿孔，背铸唐古忒藏文，意亦“乾隆宝藏”，边周置“五十八年”汉字，以纹银铸造。“乾隆宝藏”银钱有重五分、一钱、一钱五分三种，为清代制钱常式之外的一种特殊钱币。嘉庆七年（1802），西藏有铸面文“嘉庆宝藏”银钱，道光年间有铸面文“道光宝藏”银钱，形制与“乾隆宝藏”类同。

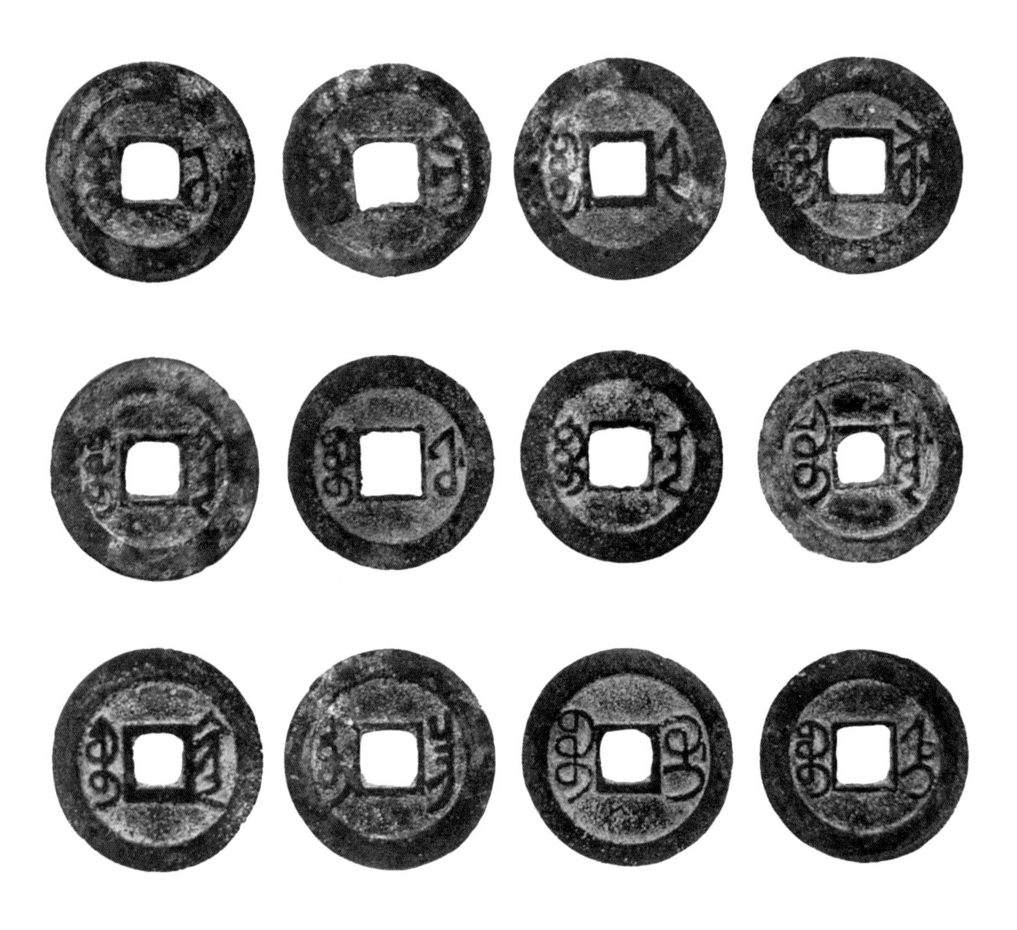

△ **乾隆通宝　清代**

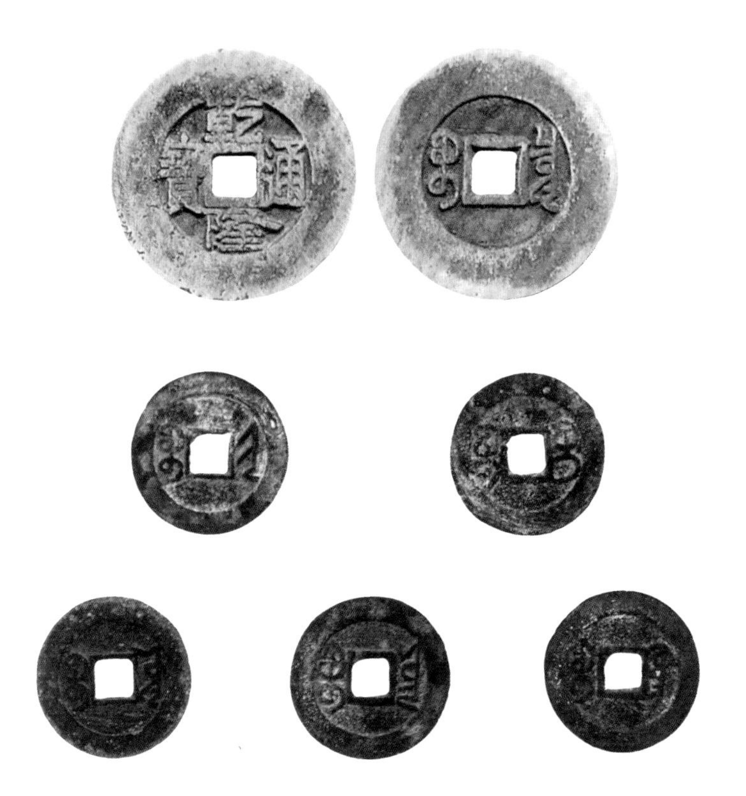

△ **乾隆通宝　清代**

乾隆年间（1736—1795）铸，背穿左右满汉文记局，共二十六局行铸。

△ **乾隆通宝（新疆红钱叶尔羌局，厚版）**

△ **乾隆通宝（新疆红钱阿克苏早期版）**

△ **乾隆通宝（新疆红钱叶尔羌局，厚版）**

△ **嘉庆通宝　清代**

清仁宗嘉庆年间（1796—1820）铸行，背穿满汉文记局，共十九局行铸。

△ **嘉庆通宝　清代**

△ **嘉庆通宝　清代**

直径2.94厘米，重6.30克

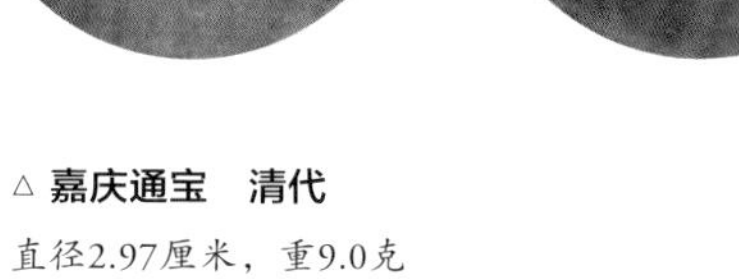

△ **嘉庆通宝　清代**

直径2.97厘米，重9.0克

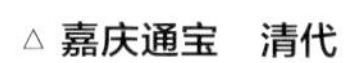

△ **嘉庆通宝　清代**

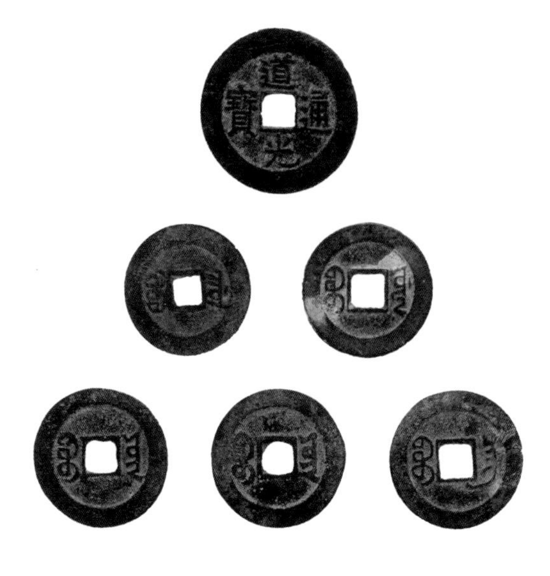

△ **嘉庆通宝　清代**

△ **道光通宝　清代**

直径2.5厘米，重5.2克

△ **嘉庆通宝　清代**

直径6.3厘米

△ **道光通宝　清代**

清道光年间（1821—1850）铸，满汉文记局，地方各局行铸。

△ **嘉庆通宝　清代**

6 | 咸丰朝钱币

咸丰元年（1851），户部题准各局铸“咸丰通宝”新制钱。由于财政的困难、太平天国起义的发生等原因，咸丰制钱已无法在各局正常鼓铸，有些局已处于停顿状态，即使开铸的，亦是轻小劣质钱币充斥。咸丰二年（1852），清廷重新规定制钱每文重为一钱，实际所铸，有许多还是不足规定重量。

咸丰三年（1853）三月，清廷决定铸行当十大钱，数月以后又开始铸行当五十、当百以上大钱。咸丰大钱是在国家财政极度困难的形势下、急迫地在全国推行的，因此铸造情况非常纷乱。钱币面文名称，各不统一，一般是当十、当五十钱为“咸丰重宝”，当百以上的为“咸丰元宝”，亦有称“通宝”“重宝”的。当值等次上亦不统一，比较普遍铸行的有当十、当五十、当百几种，有的还铸造了当五百、当千的，此外还有铸造当五、当二十、当三十、当四十、当二百、当三百、当四百等品种的，新疆地区还铸造当四、当八、当八十等品种。

各局铸造的咸丰大钱，虽然形式上仍然有户部颁发的样钱为标准制式，但是并没有完全遵行。同一种当值等次的大钱，各局所铸差别很大，重量、质量悬殊，有的含铜量很低，砂眼、流铜现象严重，文字书体各不相同。有的当值高的反而轻于当值低的，有的还铸造了铁钱或铅钱。

咸丰朝为迅速推行大钱，钱局设置比前朝大为增加。在京城除原有宝泉、宝源两局外，又题准庆惠、文瑞设立捐铜专铸大钱的钱局，新设了热河省宝德局、新疆喀什噶尔局等，原来已经停铸的宝河、宝蓟、宝济、宝台、宝巩、叶尔羌等局都纷纷恢复铸钱。

宝福局是最早开铸咸丰大钱的省局，所铸大钱的形制比较突出，含铜量较高，铜色大多呈红色，铸造比较规整。宝福局咸丰大钱，一种自当十至当百全称“通宝”，另一种全称“重宝”，称“重宝”的背文分有计重和无计重两种。钱背当值均不置“当”字，分别置“一十”“二十”“五十”“一百”等数值，一般为上下直读。少数横读的，只是试铸的样钱或母钱，未大量投入流通中使用。各等宝福局大钱的重量与所标定的计重尚能接近。

庆惠、文瑞主持的捐铜铸局所铸大钱，没有另立局名，亦用满文“宝泉”两字，在钱背上添铸了星、月纹饰，以示区别。

咸丰十一年（1861），咸丰帝临终前后，宫廷内部斗争激烈，咸丰帝死后一度改元“祺祥”，并赶铸祺祥钱。几十天后发生宫廷政变，祺祥钱未及正式颁行。有“祺祥通宝”制钱、“祺祥重宝”当十钱，均为赶铸的样钱或母钱。祺祥钱有宝泉、宝源两局所铸的，还有极少数省局铸造的，如宝苏、宝巩、宝云、宝东等局均铸就少量样钱。

△ 咸丰元宝·当百　清代

△ 咸丰重宝　清代

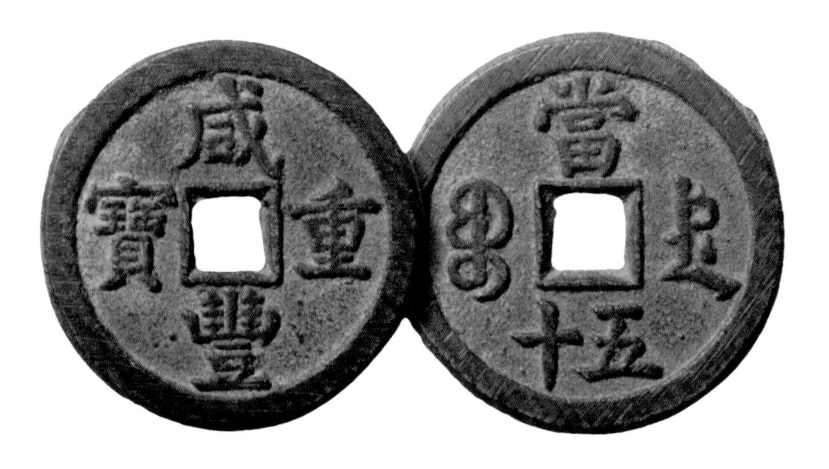

△ 咸丰重宝·当五十　清代

△ **咸丰元宝·当千　清代**

△ **咸丰重宝（宝直局）当十铁母　清代**

直径3.87厘米

咸丰重宝（宝直局）当十铁母，清咸丰年间（1851—1861）铸于直隶（天津）。当时发行当十铁钱，这是翻铸铁钱的母钱，简称铁母。

△ **咸丰重宝　清代**

△ **咸丰重宝·当十**

△ **咸丰通宝　清代**

直径2.36厘米，重6.5克

△ **咸丰重宝（宝福局）计重一两·计重五钱　清代**

△ **咸丰重宝　清代**

直径2.85厘米，重约5.8克

△ **咸丰重宝、元宝　清代**

△ **咸丰重宝 · 当十　清代**

△ **咸丰重宝 · 当十　清代**

△ **咸丰元宝 · 当百　清代**

△ **咸丰重宝 · 当十　清代**

△ **咸丰重宝 · 当十　清代**

△ **咸丰元宝 · 当千　清代**

直径7厘米，重118克

△ **咸丰通宝 · 一统天下　清代**

直径4.4厘米

△ **咸丰元宝·当千　清代**

直径6.2厘米，厚0.48厘米，重95克

△ **咸丰重宝·当五十　清代**

直径5.85厘米，重94.8克

△ **咸丰重宝·当五十　清代**

直径4.5厘米，重46.8克

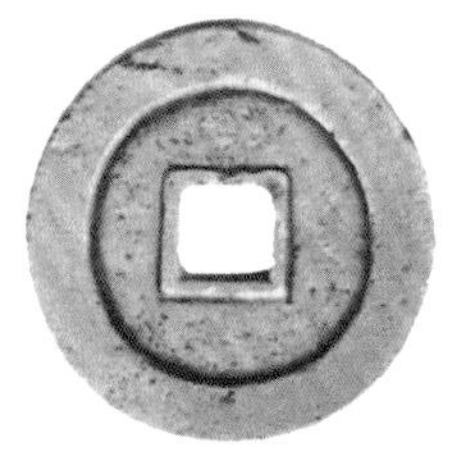

△ **开炉钱　试铸大吉　清代**

直径2.7厘米

△ **咸丰重宝·当五十　清代**

直径4.5厘米，重54.0克

△ **咸丰重宝·当五十　清代**

直径5.5厘米

△ **咸丰重宝·当五十　清代**

直径6.02厘米，重110克

△ **咸丰重宝　清代**

△ **咸丰重宝·当一百　清代**

直径7.1厘米，重198克

△ **咸丰通宝　清代**

△ **咸丰重宝（宝川局）当十雕母钱　清代**

直径4.3厘米

此枚当十雕母，金黄铜质，自然包浆淳厚，存世仅见，弥足珍贵，是不可多得的真品。

△ **咸丰重宝（宝浙局）当十·当二十·当三十　清代**

△ **咸丰通宝　清代**

△ **咸丰重宝·当五十　清代**

直径4.7厘米，重42克

△ **咸丰通宝　清代**

△ 咸丰元宝·当百　清代

△ 咸丰重宝　清代

△ 咸丰元宝·当千　清代

△ 咸丰元宝·当五百　清代

△ **真清“咸丰元宝”·当百　清代**

直径6.1厘米

△ **伪清“咸丰元宝”·当千**

直径5.8厘米

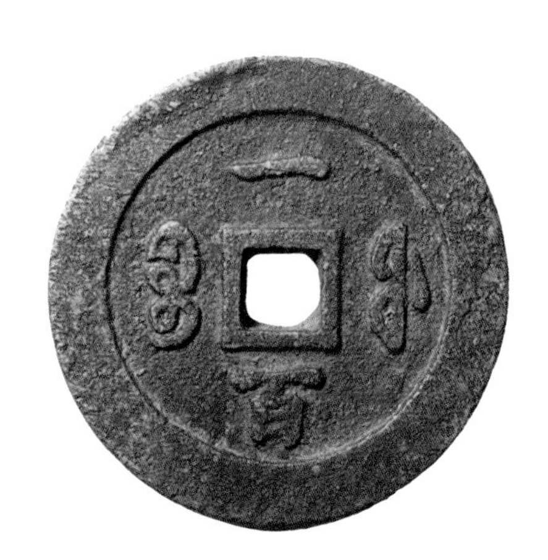

△ **咸丰重宝·当一百　清代**

155

△ **咸丰重宝·当二十　清代**

直径4.7厘米　重42克

△ **咸丰重宝·当五十　清代**

△ **咸丰重宝·计重五两　清代**

156

△ 咸丰重宝·当五十 清代

△ 咸丰元宝·当百　清代

△ 咸丰重宝·计重五两　清代

△ 咸丰元宝·当千　清代

△ 咸丰重宝当五（正、背面）

△ 咸丰通宝　清代

△ 咸丰重宝·当五十　清代

△ 咸丰重宝（宝武局）·当五十·当百·咸丰元宝（宝武局）　清代

△ 咸丰重宝·当十　清代

△ **咸丰重宝　清代**

直径5.4厘米，重37克

△ **咸丰重宝（宝浙局）当四十·当五十　清代**

△ **咸丰元宝·当百　清代**

直径5.4厘米，重48克

7 | 同治、光绪、宣统三朝钱币

清末，同治、光绪、宣统三朝仍然铸造钱币，所铸制钱直径显著减小，质量大大低于乾嘉道所铸的。钱币文字的书体发生了一些变化。当时部颁的同治、光绪样钱均采用正楷书体，各局所铸则有正楷书体和沿前朝宋体遗风两种兼用。同治、光绪有部分为当十大钱。

同治元年（1862）题准各局开铸“同治通宝”制钱和“同治重宝”当十钱，由于大钱贬值和铸造制钱亏本，铸造很不正常。同治制钱中较为多见的有宝泉、宝源、宝苏、宝浙、宝巩、宝昌、宝川、宝桂等局所铸。宝直、宝济、宝福、宝广、宝云、阿克苏等局所铸的，发现数量较少，有的仅见样钱。同治当十钱中，有宝泉、宝源、宝巩、宝云、叶尔羌、阿克苏、库车等局所铸的，还有宝川、宝直、宝南、宝武、宝晋、宝广、宝陕、宝黔、宝福、宝桂等局所铸的，但数量均少。新疆宝伊局铸有“同治重宝”当四钱。宝巩、阿克苏、库车等局铸有同治当五钱，发现数量很少。

同治十三年（1874）题准各局铸光绪新钱。光绪年间各局铸钱比同治要多些，原有的宝泉、宝源、宝云、宝东、宝昌、宝直、宝川、宝黔、宝福、宝苏、宝河、宝浙、宝陕、宝南、宝晋、宝武、阿克苏等局均铸造，还新设了宝津、宝沽、宝吉等局。光绪制钱的重量实际上已大大减小。光绪二十一年（1895），两江总督刘坤一奏请减制钱每文重七分，得到允行；光绪二十四年（1898）重定制钱每文重八分；光绪三十一年（1905）户部又奏定制钱每文重六分，以铜55%、铅45%配铸。实际上，当时各局铸钱已十分混乱，并不依照规定而行了。光绪当十钱没有几个钱局铸造，仅宝泉、宝源两局铸造得多些。宝苏局还擅自大量铸造了“光绪重宝”当五钱，质量极度低劣。

同治年间即有奏议仿西方用机器制造钱币。光绪十五年（1889），张之洞在广东以机器制造制钱成功，继而在各省推行。机制“光绪通宝”制钱，有宝源、宝广、宝福、宝漳、宝武、宝浙、宝直、宝吉、宝苏、宝奉、宝宁等局。宝广局还制有当五、当十两种机制钱。

宣统年间，新式铜元已普遍通行，全国各省局几乎全部不铸制钱了，仅京城宝泉局铸造“宣统通宝”制钱。此外，宝云、库车局亦少量有铸造；宝福、宝广局制宣统机制钱。常见的“宣统通宝”宝泉局制钱，有大样、小样两种。小样的较为多见，直径约1.9厘米，重在2克左右。大样的较少见，直径约2.4厘米，重约4.5克。

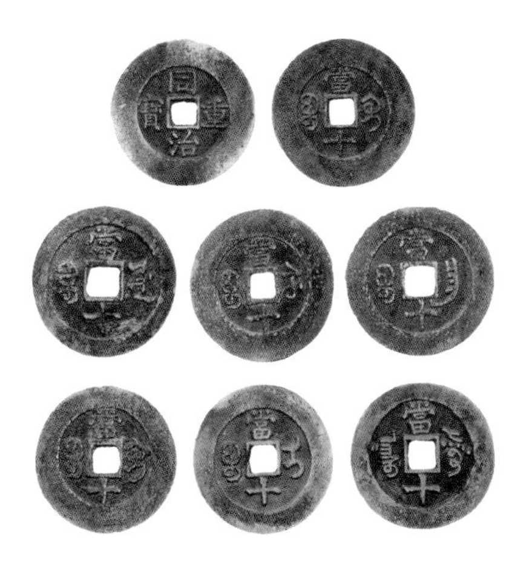

△ **同治通宝　清代**

清同治元年（1862）始铸

△ **同治重宝　清代**

清同治元年（1862）始铸

△ **同治通宝　清代**

直径2.69厘米，重7.86克

同治通宝平钱铸于清同治年间，铸量少于前朝。“同治通宝”面文为楷书、直读，背记满文铸局，制作多不精整，同治钱常见的铸局有宝泉、宝苏、宝云、宝桂、宝浙、宝川、宝昌、宝巩等，有的钱局仅有部颁样钱。

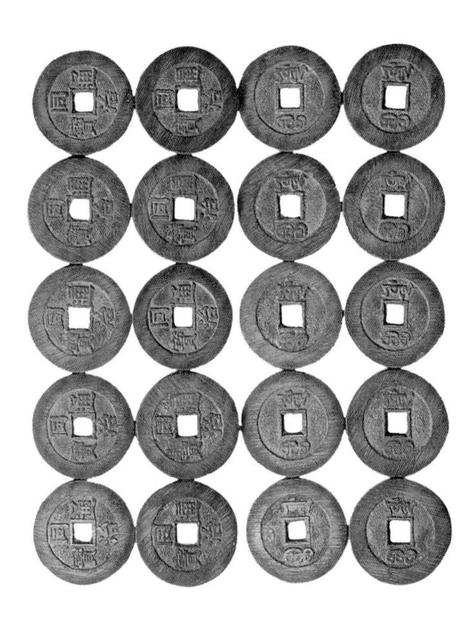

△ **同治通宝　清代**

△ **同治重宝　清代**

同治重宝分当四、当五和当十等。面文楷书，直读；背文空左右为满文记局，上下为汉文记值。直径约3厘米，其大小轻重不一，铸工亦见精劣，总体说同治重宝都较前朝要差。同治重宝当四铸为新疆宝伊局取当地红铜铸造，当五铸为甘肃宝鞏局铸，当十诸品除宝泉、宝源两局稍多外，余者多为样钱、母钱，较少见。同治重宝有雕母钱存世，极罕少。

△ **同治通宝　清代**

△ **同治通宝　清代**

直径2.63厘米

△ **同治通宝　清代**

直径2.62厘米

△ **光绪重宝　清代**

△ **光绪通宝　清代**

△ **光绪重宝·当十　清代**

△ **光绪通宝　清代**

直径2.8厘米，重7.2克

△ **光绪通宝　清代**

△ **光绪通宝·苏·宁　清代**

直径2.6厘米

△ **光绪通宝、重宝　清代**

直径2.6厘米

小平通宝，背满文记局，其中不乏书文精妙者，并有各地满、汉文记局之套子钱，另出现新的机制钱。重宝大钱，背记局记值，小平、套子钱，满、汉文“东”字。

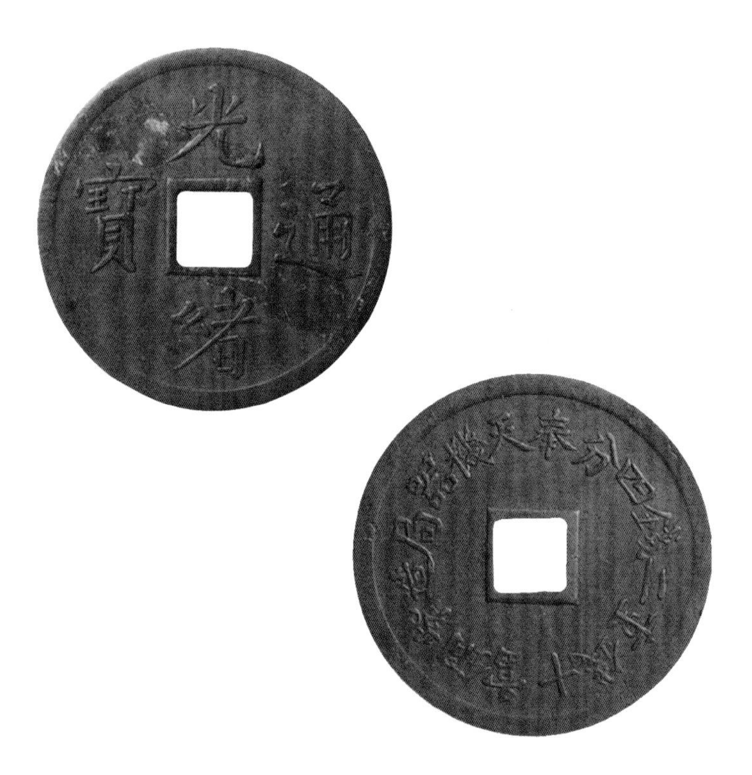

△ **光绪通宝　清代**

△ **光绪重宝　清代**

直径3厘米

光绪重宝多为折五和折十钱，面文以楷书为主，皆直读，背满文记局名，背穿上下为汉文记值，有黄铜和青铜两种，制作较平钱稍工整。

△ **宣统通宝　清代**

△ **一统万年　清代**

直径3.9厘米

8 | 太平天国与天地会等铸造的钱币

咸丰三年（1853），太平天国定都天京（今南京），不久即开始铸行钱币。此外，在其他太平天国控制的地区亦铸行过钱币，如江苏苏州、浙江杭州、湖南等地。

太平天国的钱币铸有大小不同档次，由于铸期的先后和铸行区域的不同，各种档次的大小轻重并不统一。其形式与咸丰大钱置有的当值数量完全不同，背文一般除置“圣宝”两字外，不置当值数量，因此，对于太平天国钱币的当值分等至今尚难做定论。因为从直径、重量判断，至少有四五种档次。太平天国钱币除极少数试铸品外，钱文一律称作“圣宝”，“国”字内从“王”，不从“或”“玉”，一般面文为“太平天国”，背文横置或竖置“圣宝”两字，另有背置“太平”或“天国”，面置“圣宝”的特殊品种。

南京地区发现得比较多的一种钱币是，面文为“天国”，背文为“圣宝”，面背均上下直读，直径约3.8厘米，重20～30克不等，黄铜质为多，版式较多，为太平天国定都天京后较早铸行的钱币。有与此式文字布置相类似、书体为行隶的小型钱币，直径为2.5厘米，重6～8克，在江苏地区偶有发现。另外有面文为“天国”、背文为“通宝”的，外形上与大型“天国”背“圣宝”钱相仿，为最早未定式时的试铸钱。

比较成系统的太平天国钱币常见有三种：第一种是边缘特别阔，钱文为真书，面文“太平天国”对读，背文“圣宝”直读，有大小四等，在苏州地区发现比较多，形制上与宝苏局咸丰大钱非常接近，现考证为太平天国苏福省所铸；第二种是面文仿宋体“太平天国”对读，背文“圣宝”上下直读，边缘比较狭，铜质偏白，有大小四等，从发现地区判别为衡阳地区铸造；第三种是面文隐起文“太平天国”对读，背文“圣宝”横读，有大小四等，大多发现于湖南。另外还有许多品种，形制各有特点，大小不等，分别为各地铸行。太平天国还铸有各种大小的大花钱，直径分别为7.5厘米、11厘米、14.5厘米、17.5厘米，最大一种直径为33.5厘米；面文“太平天国”对读，边缘凸铸二龙戏珠图案；背文“圣宝”，直径7.5厘米的为横读，其余均为直读，边缘铸八宝图案，不是流通货币，用于赏赐、馈赠和纪念。

清代还有一些民间秘密团体和会党组织亦铸造过钱币，品种较多，但发现数量较少，有的才刚引起人们注意，如原来一般认为是普遍玩赏钱币的“唯吾知足”钱，在近年的研究中才被认定为天地会首领佩用的会党钱币。天地会还铸有相当于会员证性质的“义记金钱”，背置方胜图案和“天”“地”“离”等文字，有一种背置篆体“震忠团练”四字。上海小刀会铸有“太平通宝”钱，大小相当于一般小平钱，背置日、月纹，或穿上仰月纹，穿下一个“明”字。

△ **太平天国圣宝　清代**

直径4.33厘米，重28.6克

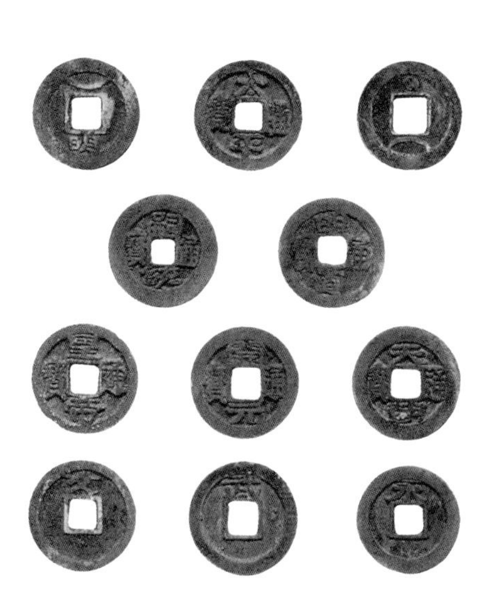

△ **小刀会·太平通宝·天地会·皇帝通宝背“文”·开元通宝背“武”天朝通宝背“永”　清代**

△ **天国圣宝（太平天国所铸）　清代**

直径3.9厘米，重量不详

另外还有一些钱币，如仿宋体为钱文的“开元通宝”，背文为“武”字；仿宋体为钱文的“天朝通宝”，背文为“永”字；“皇帝通宝”背文“浙”字、“圣”字；还有“平靖通宝”“平靖胜宝”等。它们虽然各有特色，但均带有清代钱币的时代特征，目前大多数研究者将它们系于天地会钱币范畴，由于天地会等清代民间秘密团体较多，流传下来的会党史料奇缺，所以某钱当为何团体所铸，尚待进一步深入研究。

△ **平靖胜宝　清代**

钱径2.6厘米，穿径0.6厘米

平靖胜宝钱大似折二，制作粗糙，钱文真书、直读，风格朴拙，自成体系。与同期太平天国钱币区别较大。今多出在广西地区，已属不可多见之物。

△ **太平天国圣宝 清代**

直径2.65厘米，重6.60克

△ **平靖胜宝·御林军·长胜军·前营·中营·后营·左营·右营 清晚期**

清末咸丰七年（1857）天地会李文茂占据柳州称平靖王时铸币。

9 | 清代纸币

顺治八年（1651），清政府正当平定江南，财政窘困，入不敷出，遂发行顺治钞贯纸币，年发行额为128 172.47贯。现无存世实物，据史载“仿明旧制”，面值约为十文至一贯。顺治十七年（1660），顺治钞贯被废止。之后，清政府长期坚持不发行国家纸币的政策，但民间金融机构钱铺、钱庄、银号、典当行等发行有钱票、银票、会票。存世有清中期庆阳新寨店新成号钱票、山西蔚盛长银票等，多为临时填写金额。

咸丰年间，内外交困，清政府面临严重的经济危机，王懿德等官员主张行钞。咸丰三年（1853）二月，上谕行钞，可缴纳政府税课。先发行“户部官票”，以银两为单位，有壹两、叁两、伍两、拾两、伍拾两五种面值。五月初二开始印造，六月三十日结束。先印壹两、伍两、拾两、伍拾两四种，字号以《千字文》为序。白色苔笺纸（京票）、高丽纸（颁外省）上以靛蓝色印刷，外为龙水纹花栏，上满汉文“户部官票”，中有“准二两平足色银壹两”，面值用墨色木戳加盖。左为日期，右为字号。下有“户部奏行官票，凡愿将官票兑换银钱者与银一律，并准按部定章程搭交官项，伪造者依律治罪不贷”。票面和骑缝盖图记“户部官票永远通行”，“户部官票所关防”及花押，背面有加盖或手书。

该年十二月，发行大清宝钞，与银票相辅流通。宝钞以制钱为单位，印有伍百文、壹千文、壹千伍百文、贰千文，咸丰五年又印伍千文、拾千文、伍拾千文、百千文。宝钞形制为长方形，首端钞名“大清宝钞”，龙水纹花栏内有字号、面值、纪年，及“此钞即代制钱并准按成交纳地丁钱粮，一切税课捐项各库一概收解，每钱钞贰千文抵换官票银壹两”，加盖印文“大清宝钞之印”“宝钞流通”及墨丝等。

为了推行钞票，设“四乾”“五宇”官号，与原有的“五天”官号共同承办兵饷，搭放钞票，还令各省开设官钱局。甘肃在咸丰三年（1853）设立官钱总局，发行甘肃司钞，现存有五百文钞。云南在咸丰四年（1854）设官钱局，发行滇藩司钞，面额自贰百文至贰千文，后又增发伍千文、贰拾千文、伍拾千文、壹百千文。吉林设立通济官钱局，于咸丰十年（1860）发行银钱票。

因大清宝钞、户部官票均为不兑现纸币，发行后受阻，咸丰十年二月，上谕停止发行，约在同治六年（1867）底收回销毁。

同治年间（1862—1874），各地仍有发行纸币，甘肃司钞壹千文、贰千文、叁千文、伍千文，于同治十二年（1873）收回。台湾有台湾筹防局发行的道府六八平银官票。陕西有巡抚部院银票壹两、叁两、伍两、拾两。另有总理营务处银票陆拾伍两。

光绪年间，各省纷纷筹设官银钱局（号），陆续发行了钱票、银两票、银元票、铜元票等。

10 | 清代大钱

清代大钱是与制钱相对而言的大额当值钱，是在鸦片战争以后，太平天国起义兴起，国库十分空虚的形势下，于咸丰初年强制推行的。大钱破坏了自顺治以来一贯实行的制钱制度，以少量的钱币铸材，铸成折当高出制钱若干倍的大钱投入流通，以“虚钱”来代替“实钱”。除了咸丰大钱外，同治、光绪两朝也曾铸过大钱。

（1）咸丰大钱

为解决鸦片战争后严重的财政亏空和应付镇压太平天国起义所需的巨额军饷开支，咸丰三年（1853）三月，清廷决定铸行大钱。始铸咸丰重宝当十大钱，继而又开铸当五十、当百和当百以上大钱，并令全国各省迅速铸造、推行。由于咸丰大钱是在迫不得已的情况下仓促推行的，铸造情况十分混乱复杂，当值等次、大小轻重、铸造材质、铸造工艺、文字书体、钱文等，在各局间，甚至在同一个铸局中，差异很大，有当值大小与钱体大小轻重倒置的。除了铜钱，还鼓铸铁钱和铅钱。

为迅速推行大钱，咸丰朝钱局数量比前朝大大增加，并在原有宝泉局、宝源局和已设各省局外，又准许克勤郡王庆惠、文瑞等设立捐铜局专铸大钱。新设热河省宝德局、新疆喀什噶尔局，江苏省宝苏局增设清江浦分局。已停铸的宝河、宝蓟、宝济、宝台、宝巩、叶尔羌等局纷纷恢复鼓铸。咸丰大钱当值至少有十五种。咸丰重宝当十钱的铸行最普遍，凡开铸大钱的铸局均有铸行，铸造量最多；次为咸丰当五十、当百大钱，大部分钱局都曾铸造。当五百、当千钱仅宝泉局（包括克勤郡王钱）、宝源局、宝河局、宝陕局、宝巩局等局曾铸。除上述几种当值外，还曾铸有当五、当二十、当三十、当四十、当二百、当三百、当四百等种大钱。新疆还曾铸当四、当八、当八十等大钱。宝文大体是当十、当五十钱用“重宝”，当百以上用“元宝”，但有的钱局或统用“通宝”“重宝”为文，或兼用几种宝文。咸丰大钱钱文书法，各局都较讲究，自成体系，差异十分明显。

宝泉局咸丰大钱　宝泉局自咸丰三年五月起先铸当十大钱，八月又铸当五十大钱，十月增铸当百、当五百、当千大钱。宝泉局咸丰大钱版别、书体变化复杂，红铜、黄铜兼有，并铸有铁大钱、铅大钱。

宝泉局为户部所属，凡户部呈送样钱和颁发各局样钱均由其铸造，还承担试铸事宜，故大钱中还有一些特殊品种和部颁样钱，亦为宝泉局所铸造。有一种以瘦金体为钱文的咸丰宝泉局大钱，有当十、当五十两种，铜、铁钱均有，书体与同式制钱一致，即为宝泉局试铸品，有一种面为“咸丰通宝”或“咸丰重宝”、背文上下“五文”“伍文”“拾文”的钱，亦为宝泉局试铸新品，均未投入流通。

宝源局咸丰大钱 宝源局自咸丰三年八月始铸当十大钱，十月开铸当五十大钱，十一月又添铸当五、当百、当五百、当千等大钱。七年八月又铸铁大钱。

宝源局大钱用水红铜、黄铜铸者均有，还有铁质、铅质者，版别、书体变化复杂，同一当值的大钱，大小轻重差异较大，有当百小于当五十者。

宝福局咸丰大钱 宝福局是全国最早开铸咸丰大钱的省局。早在道光初年奏准停铸制钱，市上纹银、制钱、钱票并用，尤以钱票为多。咸丰初年沿海发生起义，又因太平天国起义，市上钱票受阻，制钱急缺，未及户部请旨饬下各省局开铸大钱，而宝福局即于咸丰三年五六月间开铸大钱，且自当十至当百各种一齐鼓铸。正因为宝福局咸丰大钱铸行早，所铸大钱钱质较好，钱体较大，形式多样，与其他各省所铸的大钱区别较大。

宝福局大钱用铜有水红铜、青铜、黄铜等，自当十至当百，宝文有全用“通宝”，亦有全用“重宝”的，当五钱仅见用“重宝”者。有在钱背标明折当等次的，还有不标的，钱界分别称之为“有计重钱”和“无计重钱”。

宝苏局咸丰大钱 江苏处于清军和太平天国对峙前沿，铸钱原料来源受阻，加上浩繁的军需开支，使宝苏局成为首先响应开铸大钱的省份之一。咸丰三年末，宝苏局始铸咸丰当十钱。四年初，开铸当十以上大钱。咸丰四年二月，宝苏局在清江浦设分局，赶铸当十、当五十、当百大钱。五年，宝苏分局又试铸铁大钱和添铸当二十、当三十大钱。

宝苏局咸丰大钱的折当等次比较特殊。全国没有几个省局试铸当三十钱，而宝苏局不仅试铸了，而且正式投入流通，还铸过当二十大钱。全国少数省局铸过当五百、当千钱，宝苏局却未曾铸过。此外，宝苏局试铸了当五、当十、当五十铁大钱，仅有试铸品。

宝苏局大钱，当五宝文用“通宝”，亦用“重宝”为文，当十、当二十、当三十、当五十，当百用“元宝”。

（2）同治大钱

同治年间仅铸当十以下大钱，虽然有户部颁发各局“同治重宝”当十样钱，但开铸的为数不多，主要有宝泉局、宝源局、宝巩局、宝云局和新疆叶尔羌、阿克苏、库车等局，大小轻重参差不齐。此外，宝巩局和新疆铸有当五钱，新疆宝伊局铸有当四钱。

存世有两种同治重宝部颁样钱，背文满文局名，一种较大，制作精美，另一种较小，较薄，制作粗糙，均系宝泉局为户部颁发而铸的样钱。

（3）光绪大钱

光绪年间有的钱局还继续铸造当十钱，北京宝泉局、宝源局铸者稍多见，面文“光绪重宝”，背文穿左右为满文“宝泉”“宝源”局名，穿上下有当值，一种穿上为“富”穿下为“十”，一种穿下用大写“拾”字。唯宝苏局于三十一年大量开铸“光绪重宝”当五钱，钱文书体拙劣，铜质粗恶，掺杂严重，铸工草率，大小轻重参差不齐。另外广东还以机器制造“光绪重宝”当五、当十两种机制大钱，奉天机器局机制紫铜当十大钱，江南试造机制当十制钱。

光绪三十一年（1905），户部奏准永远停铸当十大钱，从而结束了清代大钱的铸造。

11 | 新疆红钱和西藏银钱

清廷对新疆、西藏等少数民族地区实现了有效的统制，对于当地用钱形制分别作了规定。新疆钱币以紫铜为铸材，钱呈红色，因有“红钱”之称，背文除用满文外，还用维吾尔文。

（1）乾隆通宝红钱

乾隆二十四年（1759）在叶尔羌设局鼓铸乾隆通宝红钱。乾隆二十六年，设阿克苏铸钱局。乾隆三十一年，阿克苏局迁移乌什，立乌什局。

乾隆四十年，设伊犁宝伊局，均铸乾隆通宝红钱。

乾隆通宝红钱面文为汉字“乾隆通宝”顺读，背文因局而异。叶尔羌局所铸，开始背文穿左用译音不准的满文“叶尔奇木”，穿右为维文“叶尔羌”，乾隆二十六年后，穿左满文得以更正，亦改为“叶尔羌”。阿克苏局、乌什局所铸，背文左为满文，右为维文局名。宝伊局钱，背文不用维文，用满文“宝伊”，在穿左右，与内地清钱相同。一种钱体敦厚、铜质精润的乾隆红钱，又称“厚板”，为乾隆三十五年所铸，重7～8克，叶尔羌、阿克苏、乌什局均有铸造，当时一枚多兑当地老普尔钱二枚。

嘉庆年间，清廷规定新疆地区乾隆钱与新年号钱并铸，因此有嘉庆、道光、咸丰、光绪等年间后铸的乾隆红钱，统称为后铸乾隆红钱。它们大多比乾隆年间所铸轻薄，背文因铸地、铸时而异，有满、维文“阿克苏”“库车”等，有满文“宝伊”“宝库”等，还有背文在穿上下为“九”“喀十”“当十”“库十”“阿十”等字和星、月、角纹的。

（2）嘉庆通宝红钱

嘉庆年间新疆仅阿克苏、宝伊两局继续铸钱。阿克苏钱面文“嘉庆通宝”，背左为满文，右为维文“阿克苏”，重为3～5.5克。宝伊局钱，面文“嘉庆通宝”，背文为满文“宝伊”，重3～5克。嘉庆红钱比较规整，铜质纯净，背无记地、记值现象，未出现背文汉、满、维文共存情况。嘉庆宝伊局钱要比阿克苏钱少得多。

（3）道光通宝红钱

道光年间新疆依然仅有阿克苏和宝伊两局铸钱，由于背文变化以及光绪年间库车局曾铸道光钱，因此道光通宝红钱较嘉庆钱为复杂。

阿克苏局钱，面文“道光通宝”，背文有数种。背文有穿左右为满文、维文“阿克苏”的；有穿左右为满文、维文局名，穿上为“八年”，穿下为“五”或“十”的。大型道光通宝阿克苏钱，背文穿左右为满文、维文“阿克苏”，穿上为“八年”，穿下为“三十”，重23.4克，似为当三十大钱，与当时钱制不合，尚待研究。宝伊局钱，面文“道光通宝”，背穿左右为满文“宝伊”。库车局在光绪十一年后曾铸一批道光通宝钱，背文左右为满文、维文局名“库车”，穿上下为“库十”两字。光绪十二年又铸道光通宝钱，背文左右为满文“宝库”，穿上下为“新十”。

（4）咸丰红钱

咸丰初年新疆叶尔羌、阿克苏、库车、宝伊等局铸咸丰通宝红钱，仍依各局前铸乾隆、嘉庆、道光钱，面文“咸丰通宝”，背文因局而异。叶尔羌局自乾隆三十三年停铸后，重新开铸咸丰钱，背文左满文、右维文“叶尔羌”，穿上下为“当十”两字。阿克苏局钱，穿左满文、右维文“阿克苏”，穿上下为“当五”或“当十”。库车局钱，背文穿左满文、右维文“库车”，穿上下为“当五”或“当十”。宝伊局钱，背文穿左右为满文“宝伊”。重量常见为3～5克。

咸丰三年以前，新疆各局所铸红钱，背文当五、当十等，均表示对内地各局所铸制钱比价而言，与咸丰三年以后推行的大额当值“咸丰大钱”不同。咸丰三年底，新疆与内地各局一样开始铸行咸丰大钱。除了咸丰初年已在铸钱的叶尔羌、阿克苏、库车、宝伊铸造外，还有喀什噶尔局、宝迪局等亦相继开铸咸丰大钱。

叶尔羌局钱，除咸丰初年所谓“当十”咸丰通宝外，还有当五十、当百两种大钱。当五十者，面文“咸丰重宝”，宝字可区分为“尔”宝、“缶”宝两种。当百者，面文“咸丰元宝”，背文穿左右分别为满文、维文局名，穿上为“当”字，穿下为“五十”或“百”字。阿克苏局、库车局、喀什噶尔局所铸大钱，与叶尔羌局同，除小型“当十”咸丰通宝外，还铸当五十、当百两种，面文、背文与叶尔羌局同。

宝伊局于咸丰三年十一月始铸“咸丰重宝”当十大钱，咸丰四年初又铸当五十、当百大钱，后又铸当五百、当千大钱，咸丰五年又铸行当四大钱。宝伊局铸咸丰大钱，除“当四”一种当值特殊外，余与内地各局所铸同。面文当百及其以上宝文用“元宝”，当五十及其以下用“重宝”，背文穿左右为满文局名“宝伊”，穿上下为当值。

宝迪局于咸丰五年开铸咸丰大钱，因当地银钱比价特殊，钱八百文折银一两。宝迪局咸丰大钱当值计有当八、当十、当八十，当八、当十宝文用“重宝”，当八十宝文用“元宝”，背文与内地各局同。

（5）同治红钱

同治年间新疆叶尔羌、阿克苏、库车、宝伊四局继续铸钱，除宝伊局铸有“同治重宝”当四钱和户部颁发的当十样钱外，各局主要铸行的是与咸丰以前相仿的宝文用“通宝”的红钱。

叶尔羌局所铸，面文“同治通宝”，背文穿左右为满文、维文局名，穿上下为“当十”；以及面文“同治通宝”，背穿左右为满文、维文局名，穿上下为“当五”或“当十”。

光绪十一年、十二年，库车局后铸了部分“同治通宝”红钱，钱背文字、纹饰变化较多，有穿左右为满文、维文局“库车”的，穿左右为满文“宝库”的，有穿上下为“库十”的，有为“新十”的，有为月纹的。

同治三年新疆库车热西丁自立为汗，在库车铸造了一种两面铸有察合台文的红钱，面文意为“热西丁汗”，背文为“库车制造”，大小重量与一般红钱相仿，在流传的新疆红钱中偶有所见。

（6）光绪通宝红钱

光绪年间新疆铸造光绪通宝红钱，除有户部颁发过“光绪重宝”当十钱外，并未铸造“重宝”大钱。阿克苏局钱，背文穿左满文，穿右维文局名“阿克苏”，亦有左右互易位置的，穿上下为“阿十”两字。喀什噶尔局钱，背文满文、维文局名，位置亦有左右互易现象，穿上下为“喀十”两字。库车局钱，背文穿左右为满文、维文“库车”局名的或为满文“宝库”局名，且“宝”“库”两字有左右互易现象，穿上下为“九年·十”“库十”等，亦有仅有局名、穿上下无字的。宝新局钱，背文穿左右为满文“宝新”局名，穿上下为“新十”两字。光绪三十三年、三十四年宝新局钱，有两种干支纪年钱，面文分别为“光绪丁未”和“光绪戊申”，背文穿左右为满文局名，大多为“宝库”两字。丁未、戊申分别为光绪三十三年、三十四年。

光绪年间新疆红钱，背文还有采用满文“宝泉”的。

（7）宣统通宝红钱

宣统年间全国大部分钱局已停铸，在新疆仅有库车局还铸宣统通宝钱，面文“宣统通宝”，汉文顺读，背文穿左右为满文、维文“乌什”，穿上下为“库十”，大小重量与一般宝文为“通宝”的红钱相仿，为新疆红钱的最后一种，发现数量较少。

（8）西藏银钱

乾隆五十八年（1793）制造，面文汉文“乾隆宝藏”，中置方孔图案，但不穿孔，背铸唐古忒藏文“乾隆宝藏”，边缘铸“五十八年”字样，以纹银铸造。乾隆宝藏银钱有大、中、小三等，大者重一钱五分（5.6克），直径3.05厘米，厚0.125厘米；中者重一钱（4克），直径2.6厘米，厚0.1厘米；小者重五分（2克），直径2.2厘米，厚0.085厘米。规定纹银一两，兑换重一钱者9枚，重五分者18枚，兑换所余白银一钱为铸造费用。

乾隆以后，嘉庆、道光年间仍铸乾隆旧式铸造银钱，面文汉文“嘉庆宝藏”“道光宝钱”，背铸藏文钱文，边缘铸相应纪年。嘉庆宝藏银钱有一钱和五分两种，道光宝藏又只有一钱一种。宝藏银钱停铸一段时间后，宣统年间再铸宣统宝藏银币，同时还铸造了铜币，无内郭；面文为汉文“宣统宝藏”，中间置圆环点图案，背中央罩于其处绘有龙形，四周藏文。银币分别有库平二钱和库平一钱两种，铜币分别有一分、半分两种。

12 | 三藩钱

三藩钱，是指明末降将吴三桂、尚可喜、耿仲明被清廷封为王，史称“三藩”。三藩各有重兵，在用人、征税、铸钱等方面各自为政。吴三桂、耿精忠（耿仲明的孙子）等先后所铸之钱，称为“三藩钱”。

（1）利用通宝

“利用通宝”是吴三桂受封“平南王”，镇守云南时所铸，有四等。小平钱有背无文及背文“云”“贵”三种，直径2.4 ~ 2.5厘米，重3 ~ 3.2克。另有背文“厘”字者，则为折银钱。所铸三等大钱，背文皆为折银之额，有背“二厘”钱，直径2.7厘米左右，重约4克；背“五厘”钱，直径3 ~ 3.2厘米，重约4克余；背“一分”钱，直径约4厘米，重16克余，其背文之“一”字亦有作“壹”者。背“厘”“二厘”“五厘”“一分”四种钱，是吴三桂“利用通宝”折银钱系列。

△ **利用通宝　清代**

直径4厘米，重19克左右

△ **利用通宝（吴三桂铸）　清代**

（2）昭武通宝

康熙十七年，吴三桂在湖南衡阳称帝，国号“大周”，年号“昭武”，铸“昭武通宝”钱，有小平及背“一分”两等。平钱有真书、篆书两种，篆书者皆为背无文，真书者有背无文及背穿下“工”字二式。平钱直径约2.45厘米，重3克左右。一分钱面背皆为篆书，直径约4厘米，重10.2～11克。

△ **昭武通宝（吴三桂铸）　清代**

面、背直径3.5厘米

（3）洪化通宝

康熙十九年，吴世璠改元“洪化”，铸“洪化通宝”钱，仅小平一等，有背无文及背文“户”“工”字“壹厘”等，直径2.2 ~ 2.45厘米，重3.6 ~ 3.8克。

◁ **洪化通宝　清早期**

直径约2.4厘米，重约3克

（4）裕民通宝

耿精忠所铸“裕民通宝”共三等。平钱皆背无文，直径约2.45厘米，重3.8克。另有“一分”及“一钱”两等，为折银钱。背文“一分”者直径2.6厘米，重5.1克；背文“一钱”者背文有“壹钱”与“浙一钱”两种，直径约3.6厘米，重约19克。

△ **裕民通宝　清早期**

折十钱，直径3.5厘米，重20克左右

清初靖南王耿精忠于康熙十三年（1674）在闽中叛乱，建元“裕民”，铸“裕民通宝”钱。耿精忠即明朝辽东边将耿继茂之子，因降清有功，受清廷册封，不久又与吴三桂、尚之信等人挑起“三藩之乱”。“裕民通宝”钱文为楷书，直读，分大、中、小三等。

△ **裕民通宝　清早期**

清靖南王耿精忠所铸。

△ **翼王赏功　清晚期**

清末太平天国翼王石达开占据四川时铸币。

道光通寶

第十一章

古钱的价值评估

刚刚涉足古钱币收藏领域的一些爱好者大部分都喜欢收集年代比较远的钱币，对年代稍近的钱币则基本上不屑一顾。他们普遍认为年代越早的钱币越稀少，其自身价值越高，其实这是一种比较浅的认识，陷入了古钱收藏的一个误区。

年代久远的古钱的确比较珍贵。但是，并不是所有的古钱币都是年代越远越值钱的，年代较近的古钱里也有许多价格十分昂贵的。距现在2300年前战国时代的燕国货币“明刀”，年代久远，但是一枚的市场价仅80～100元，而且还是品相上乘的。距今2000年前的汉“五铢”，1000多年前的唐“开元通宝”还有北宋的“宣和通宝”，价格低得简直令人难以置信。但是同样年代的古钱，有一些售价高得却同样令人匪夷所思。战国时的“三孔”布币，售价高达6万余元一枚，而且有价无货。西汉末年王莽所铸的“壮泉四十”，一枚的价格也绝对在2 500元以上。仅100多年前问世的清代钱币，有许多品种也高达上万元，例如“祺祥重宝”（1861）、太平天国起义时所铸的“天国通宝”等。

△ 熙宁通宝　北宋　　△ 崇宁重宝　北宋

一 古钱评估综述

△ 熙宁重宝 北宋

古钱币将诸多知识融合为一体，涉及历史、民族、宗教、民俗、书法艺术和冶炼铸造学，其中有极少数品种尤为珍奇稀有。例如失传的少数民族政权钱币、短暂的农民起义政权钱币和封建诸侯割据政权钱币等，它们的收藏价值都较高。除考古价值以外，钱币的经济价值也相当高，然而人们青睐的大多数古币并不具有很高的经济价值，这些都源于古币自身的特点。

△ 绍圣元宝 北宋

第一，无法确定古币存世的数量，由于历史比较久远和朝代的更迭，不同种类的古币存世数量的多寡并不一样，少的只有数枚，多则数以百万计，几乎没有可遵循的规律，也没有确切的历史记载，而且由于古币不断有出土记录，很多原有的数据记载不断被刷新。从存世数量上分析，留存少的品种就值钱，例如孤品，但数量多的就不值钱，例如以百万计数的。

△ 景祐元宝 北宋

第二，古币版别众多，新的金银币一旦发行，版别数量就成定论。但由于复杂的历史原因，呈现在我们面前的古币眼花缭乱，例如中国宋代古钱目前已有人得出四千版别的结论，清咸丰皇帝在位只有10年，就创下两千多种版别的奇迹。从版别上来讲，普通版别的不值钱，稀少版别的才值钱。

第三，古币市场上赝品成灾，由于上述那些原因，存世量少、版别稀少的古币往往也就成为制赝者渔利的首选。作赝手法，防不胜防，如火烧、土沁、作色、挖补、镶嵌等，这使有些藏家望而却步，也影响了古币的价格。

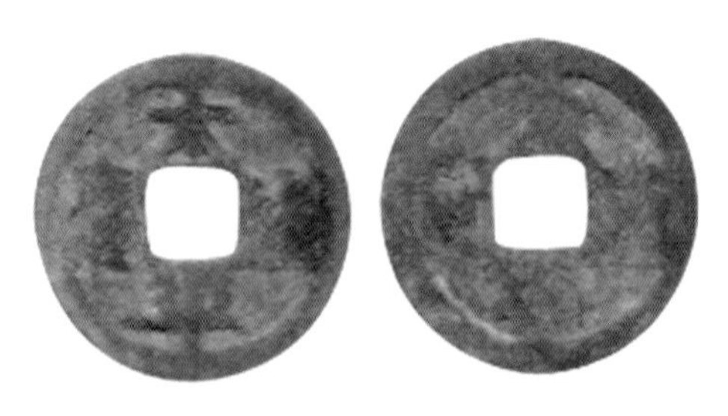

△ **太平通宝　小平合背　北宋**

直径2.35厘米，重3.5克

第四，古代除了官铸币、私铸地方的铸币以外，还有许多受到汉文化影响与中国币同名的安南、日本、朝鲜币，进一步庞杂了古钱阵容。国别不同，文字相异，使得古钱币的价格也有所不同。

综上所述，古币价值受到版别、存世、真赝等各种因素的制约，只有多留意文献记载，根据市场动态、出土信息，再加以综合分析，才能给古币定出大致合理的价位。

二　古钱的评估依据

年代的远近并不是确定一枚钱币珍稀程度的唯一因素，主要应该从铸造数量、存世量、钱币铸造工艺、文献有没有记载以及币材的品相、质地等几个方面来综合衡量。从大体上说，铸币工艺精湛、铸造数量少、存世少、文献没有记载，可以补充文献的不足、品相佳、贵金属质地等几类钱币比较珍贵、稀少。

评估古代钱币，通常是采用标明级别和标价的方法。按照文物定级方法，可以分为一级、二级、三级钱币藏品，博物馆对钱币的定级采用的都是这个方法。也有的是按照珍、罕、稀、少、多的五级标级法，国家文物局编撰的《中国古钱谱》对钱币的定级采用的就是这个办法。还有的是采用从一级到五级的级别标明法，上海孙仲汇编写的《简明钱币辞典》就是将钱币分为五级，每一级中又可以分为上、中、下三等。

迄今为止，因为受市场经济的影响，大部分的钱币图谱往往是用标价来反映其价值，特别珍贵的定为无定价，比较珍贵的是在万元以上，一般珍贵的在几千元到万元之间。最早采用这种标价方法的，应该首推清朝末年著名的钱币学家丁福保。他在《历代古钱图说》一书中用当时袁世凯时期的壹圆银币作为标准来定价。另外，北京古钱币博物馆的《中国历代古钱图解与价格指导》、华光普的《中国古钱谱》也是采用的这个方法对古钱币进行分级的。

△ 差布五百　新莽

中国的古钱成千上万，其中稀有的古钱币是最具投资收藏价值的。历史上有些朝代的钱币，数十年甚至几百年发行单一品种，所以这类古钱的数量就十分巨大。有些短命王朝刚刚试铸了一些样币就被改朝换代，这类古钱的数量自然也就很少。“物以稀为贵”这条原则特别适用于古钱收藏。战国时“明刀”虽然只在燕国一地流行，然而由于铸造的数量很多，直至今日仍时有出土，而且动辄就成百上千枚。从汉朝中期到隋朝末年一直延续长达六百年的“五铢钱”，年复一年的重复铸造，可以想象它留传下来的数量之多。春秋时期“空首平肩弧足”式的布币之所以能卖到数千元甚至上万元，原因不仅仅是它们的年代久远，更主要的还在于这类钱品特别的稀少。辽钱与北宋钱币都是流通于同一个时代，但由于辽钱比较稀少，相对来讲就要比北宋钱币贵重得多。南宋虽然晚于北宋，但是南宋的钱币一般要比北宋的珍贵，原因也是南宋钱币流传于世的比北宋钱币少，历经160多年的北宋，商业繁荣，文化发达，铸钱数量之多可以说是空前绝后的。宋神宗时，每年铸钱就达到500万贯以上，时至今天，北宋通宝钱仍然遍布大江南北，甚至连域外也时常听闻有出土，由此可以看出其数量之多。同一朝代的钱币价格相差悬殊，这是由它们存世的多少来决定的。拿南宋来说，高宗时“建炎元宝”的铸量就非常少，重宝也不是很多。孝宗时有3种年号钱，隆兴、乾道、淳熙，其中的隆兴折二钱更是很少见。宁宗时所铸的4种年号钱，庆元、嘉泰、开禧、嘉定及铁钱“圣宋重宝”“开禧通宝”折十型背“利”大钱现如今只留存有二品。毋庸置疑，越是属于这种情况的古钱，身价也就越高。

特殊版别的古钱也属于珍稀古钱。所谓“特殊版别”，也就是说，同一种钱由于不同时间、不同地点而带有各自的特征，包括由于刻版的错误而导致有特殊标记的古钱。收藏者往往都喜欢追求这些特殊而又少见的版别，而随处可见的普通版别则不受青睐，在市场上的售价也很低。西汉时流通的“五铢钱”是比较常见的普通古钱，如果不是因为形制比较特殊，是卖不上价的，但若是在刻版与铸造过程中产生误差而造成的叠字或变形的五铢钱，反而能卖上好价钱。距今最近的清代，并不是所有的清钱都不值钱，有些铸量稀少、版别特殊的清钱也十分珍贵难得。今天所见的古钱币大多数都是在历史上曾经参与流通的正用品。不过当时还铸造过一些带有封赏和纪念性质的特殊钱币。通常而言，这类钱币比正用品钱币的铸造量要少，存世量也就更少，珍稀程度比较高。正如明朝末年农民起义军首领张献忠铸造的“大顺通宝”和“西王赏功”两种钱币，前者几十元一枚，而后者身价则高达数千元。非正式流通的钱币还包括开炉钱、母钱、供养钱、春钱、宫钱、打马格钱等。大量翻铸钱币前所制作的标准样板钱被称为“母钱”，母钱通常都比较大、比较厚。开炉钱就是指在正式铸造之前先精工铸制一批带有纪念性质的钱币，用来作祈祷。供养钱也称为“庙宇钱”和“供佛钱”，旧时候官方或寺院所铸的用来供奉佛殿神像的钱币，有的钱面除了沿用年号与国号之外，更有“宝珠菩萨”“香花供养”等，背文则有“神”“护圣”“香殿”等字样，整体制作比较粗疏，形体偏小，留传于世的不多。

与民间的私铸钱相比，官方颁行的官铸品在工艺上都十分讲究，制作精良，收藏价值比较高。在清朝，民间私铸钱币成风，现如今所见到的清朝私铸钱有许多，例如“光绪通宝”和“乾隆通宝”等私铸钱，铜质、铸币工艺都非常差，粗糙不堪，毫无收藏价值可言。在同一类、同一品种的钱币中，相对来讲，贵金属铸币如金、银要比一般的铜、铁铸币珍贵许多，原因是金、银等贵金属币材本身的价格就很高。例如西汉的“五铢钱”，金质的和玉质的都要比铜质的价值高出很多，又如唐代的银质“开元通宝”每枚的价值在400元左右，而铜质的开元钱的价值却只有几角钱而已。

有些属于重要铸币的古钱，尽管它的数量比较多，但是品级仍然很高。比如说王莽造的契刀、金错刀就很有投资和收藏价值。在铸币史上，它们有着非常特殊的意义，制作十分精美，所以它的价值等级是非常高的。至于按照币值等级、背文铸地、不同字体、一朝年号及不同版别等搜集组合起来的“套子钱”，就更加宝贵了。比如王莽的“六泉”和“十布”配齐，不管是在何时何地都可以卖上好价钱。

古钱币承载着传统文化，所以，古钱的文化内涵也成为评估其价值的重要因素，精美的设计、丰富的图文寓意很能为其增色添彩。唐高祖武德四年时所铸造的“开元通宝”，钱文是由大书法家欧阳询亲笔书写的。两汉之间的新莽政权铸造的“货泉”“布泉”“大布黄千”等钱文是当时很流行的“悬针篆”。王莽币制的改革时间很短，而且还以失败告终，但是钱币艺术却达到了高峰。其中“错刀”乃是青铜铸造，俗称金错刀，刀身铸阳文“平五千”三字，新中国成立以后只是在陕西临潼一带发现过数枚，如今一枚至少值五千元人民币。

△ **大布黄千异范 新莽**

△ **大布黄千直首 新莽**

△ **大布黄千直首 新莽**

直径3厘米，重约7.5克

△ **序布四百 新莽**

△ **差布五百 新莽**

△ **大布黄千异范　新莽**

△ **大布黄千异范　新莽**

△ **咸平元宝　北宋**

直径2.5厘米，重3.7克

△ **圣宋元宝　新北宋**

直径2.75厘米，重6克

△ **景德元宝　北宋**

直径2.5厘米，重3.7克

△ **绍圣元宝　北宋**

直径2.9厘米，重约5.2克

△ **熙宁重宝　北宋**

直径3厘米，重约7.5克

△ **正隆元宝　金代**

直径3厘米，重约7.5克

△ **至道元宝　北宋**

直径3.1厘米

△ **皇宋通宝　北宋**

直径2.55厘米

△ **熙宁元宝　北宋**

直径3厘米，重约7.5克

△ **圣宋通宝　北宋**

直径2.75厘米

△ **熙宁元宝　北宋**

直径2.5厘米，重约3.6克

△ **崇宁通宝　北宋**

直径2.5厘米，重约3.2克

△ **元祐通宝　北宋**

直径2.5厘米，重约3.6克

△ **元丰通宝　北宋**

直径3厘米，重约7.2克

△ **崇宁重宝　北宋**

△ **绍熙元宝　北宋**

直径2.43厘米，重3.2克

三
古钱的品相定级

品相就是指古钱本身的锈蚀程度以及钱文、轮廓的清晰程度。一枚古钱不仅稀有，同时还具备良好的品相，是再好不过的了。钱文虽然特殊，但是如果面目不清，锈成一团，就会大大降低其收藏价值和珍贵程度。不同的品相，古钱的价格相差也很大，比如铁钱，品相很差的话就没有什么收藏价值了。但是，古钱币年代久远，经过使用中的磨损和埋藏中的侵蚀，自然会使品相受到影响，所以收集到精美古钱币的难度非常大。也许是因为这个原因，一般的古钱币图谱中对品相并没有特殊强调，这使收藏爱好者在一定程度上产生了误解。

△ **“两甾”圆形方孔钱　战国**

直径3.25厘米，美品

△ **乾元重宝背右祥云　唐代**

直径3.5厘米

△ **熙宁元宝　北宋**
直径3厘米，重约7.5克

△ **圣宋通宝　北宋**
直径2.75厘米

△ **熙宁元宝　北宋**
直径2.5厘米，重约3.6克

△ **崇宁通宝　北宋**
直径2.5厘米，重约3.2克

△ **元祐通宝　北宋**
直径2.5厘米，重约3.6克

△ **元丰通宝　北宋**
直径3厘米，重约7.2克

△ **崇宁重宝　北宋**

△ **绍熙元宝　北宋**
直径2.43厘米，重3.2克

有些收藏爱好者参照硬币品相定级的原则把古钱币的品相大体分为五级。

1 | 样品或精制品

古钱币中的样品一般都是当时精心挑选出来的，而且没有经过使用，仅仅有包装物留下的痕迹。就算用放大镜，也看不到任何流通与磨损的痕迹。

2 | 全新品或未使用品

没有进入到流通领域、几乎没有使用过的古钱币，大多数的表面都带有原始的光泽，全部细致的纹理都清晰可见，除了最为突出的地方微有磨损，其余表面没有任何磨损痕迹。

3 | 美品

进入流通领域的古钱币，整体上看磨损相当轻微，内部大面积的细纹都清晰可见。

4 | 佳品

经过长时间使用的古币，通常都有比较严重的磨损，不光是外廓、文字，而且内部的细纹也有大面积的磨损，假如轮廓仍然清晰可见，而只有25%的内部细纹清晰可见，这样的古钱币就可以定为佳品。

5 | 劣品

磨损比较严重的古钱币，只能看出图案主体部分的轮廓，局部已不清晰，而且无法辨认内部细纹，外廓磨损比较严重或有少许碰伤，这样的古钱币就可以断定为劣品。

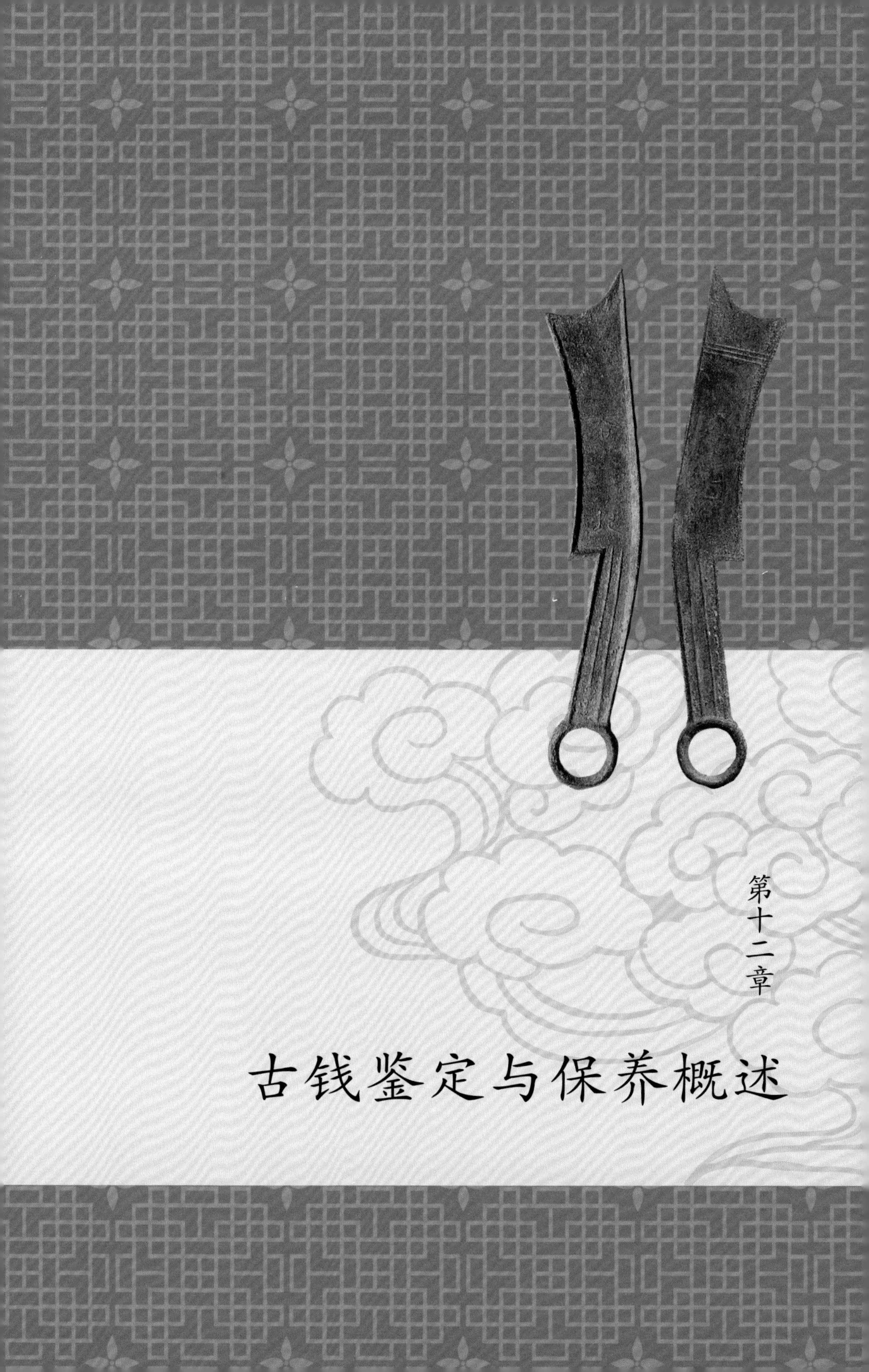

第十二章

古钱鉴定与保养概述

△ **统和元宝　辽代**

一 古钱作伪

近些年，从事古钱币收藏的人越来越多。古钱币具有一定的收藏价值，而且也具有很大的升值空间和潜力，但并不是所有的古钱币都具有收藏价值。收藏古钱币时必须要掌握识别技巧，做到有的放矢。古钱作伪这种情况早就有了，有些人为了牟取暴利，利用各种方法伪造古钱币，下面介绍古钱作伪的几种手段以及鉴别技巧。

对于古钱币，有人搜求，就不可避免地会有人作伪，从中谋利。大概在清代乾隆年间就有古钱作伪的现象，历朝历代的收藏热时期也是作伪盛行的时期。从清代、民国到现代，出现过三次收藏热潮，作伪盛行，作伪技术的花样也不断翻新，令人防不胜防。

1 改刻法

选择经济价值比较低、比较厚的铜钱，将原有的文字磨去、改刻，伪造成另一种稀见品。这种伪造品数量不多。例如，将“五铢”改刻成“三铢”“太清丰乐”，将小货泉改刻成“永光”或者“景和”，将“大唐通宝”改刻成“大齐通宝”，将“齐法化”三字刀改刻成六字刀等。还有选择铜钱文制比较模糊的，添刻文字或是星月，如改刻“半两”为“两两”或是“半半”，改刻“五铢”为“五五”或是“铢铢”，用种种办法制造所谓的稀世品。

2 翻铸法

这种方法是用真钱原品作为模型来伪造，浇铸的铜水大多是古代铜钱或铜镜熔化而成的，所以翻铸铜质仍然是青铜或是红铜。由于热胀冷缩，用本钱翻钱要小于本钱，也就是翻铸小一匝。这种伪钱在市场上非常多，有的几乎可以乱真。也有些人参照钱谱拓图，模仿刻模翻砂。还有些人凭空臆造钱文或者图案，自称为“出谱”新品。

3 嵌补法

这种方法是挖出钱文中的一个字或者两个字，而后用其他钱币上的钱文代替补上，使其成为珍稀钱币。例如，北宋“圣宋通宝”小平钱是非常罕见的珍品，作伪者把普通的“圣宋元宝”钱中的“元”字挖去，然后取下接近于宋钱文字风格的其他钱文中的“通”字粘在“元”字的位置上，这就变成了一枚“圣宋通宝”。再如，把“庆元通宝”中的“通”字剜去，嵌入“洪武通宝”的“武”字，这就变成了“庆武元宝”，成了一种臆造品。

4 黏合拼接法

古代的钱币常常会由于错范或者移范而形成一些较为特殊的版别，例如合背，这种由于铸造工匠的疏忽而形成的版别，往往都要比普通的钱币更为少见，对于收藏者而言，这是一个不可多得的品种。作伪者就利用这点，或者是把两枚钱币磨得很薄后黏合在一起，或者是各取钱币的一半黏合在一起，使其成为少见的合背钱。这种方法常常用于伪做合背、连泉、同文钱，把相同品两到数枚黏合拼接，就成了连泉、合背或同文钱。

5 色泽作旧法

出土古钱在地下历经千百年的腐蚀，传世的古钱由于长久玩赏，油汗侵入表面，钱币表面会生出各种锈色。按行内话说，一般可以分为“生坑锈”“水银古”“传世古”，作伪者通常是在伪钱的色泽上作旧以达到以假乱真的目的。常见的方法有以下几种。

（1）伪造绿锈方法

伪造绿锈共有七种手段：①将伪造的钱币浸在盐酸或醋酸里，再埋入土中，在土中埋一年半载以后取出；②将伪造的钱埋入土中，经过两三年后取出来，就有满身绿颜色的锈了；③用胶水调以绿色的粉末，涂在钱上，就会成为一种类似于硬绿的锈；④用松香调以绿色粉末，涂在伪钱上；⑤用绿色磁漆涂上伪钱，磁漆经过一年半载，就会干燥坚硬，与硬绿锈颇为相似；⑥把真的铜锈粘在伪品上，这样看上去硬绿满身；⑦把钱浸在醋中，加入硫酸铜。

（2）伪造红绿锈方法

出土的古钱有的是生红锈斑，伪造红锈有四种方法：①用火烧锻造成的伪钱，浸入冷水中，就会带有红色的锈，然后浸到盐酸或醋酸中，再埋入土中，经过一年半载取出来，就有了红绿锈色，与出土古钱颇为相似；②用胶水调以红色粉末，也能造成红绿锈色；③用松香调以红色与绿色，一同涂在伪钱上面，就成了红绿锈；④用红色磁漆和绿色磁漆调涂在伪钱上面，也能伪造出红绿锈。

（3）伪造传世古法

流传数代王朝而没有入土的古钱，钱面通常有一种黑褐色，这种颜色被称为“传世古”。伪造这种颜色通常有两种方法：①用火煅烧伪钱，取出冷却后，钱的表面上就会产生黑色，再放进布袋里面裹起来或用沾着油脂的布在钱体上搓擦，经过一年半载，色泽就会变得光润，与真钱非常相似；②用盐酸或硫酸浸伪钱一两天，取出以后就会呈现出黑色，再裹进布袋里一年半载，色泽就会渐渐变得光润，与传世古钱极为相似。

二 古钱的鉴定与辨伪技巧

古钱鉴定就是指运用科学方法来辨别古钱币的真伪，分析及确定钱币的铸造时代、流通区域、币值、版别、特征、形制和冶炼成分等。在藏品市场或者生活中，没有条件或者来不及借助精密的仪器辨伪，就需要凭借所掌握的钱币基本知识、收藏经验、感官体验来鉴定古钱。

△ 咸平元宝　北宋
直径2.5厘米，重3.7克

△ 宋元通宝　北宋
直径2.6厘米，重3.4克

1 | 鉴定古钱需具备的基本知识

鉴别古钱首先需要把握的是古钱的时代特征和个体差异，主要包含币材、币形及币文等几个方面的内容。通常来讲，鉴定的主要对象以铜质的钱币为主。铜可以分为青铜、黄铜、红铜、白铜等。铜色因铸造工艺的时间、地点及条件的不同而不同，对于先秦刀、布币主要看其币体的厚薄、浇口的位置。大多数钱币的币体极薄，刀币的浇口在环上，布币的浇口在首端，刀、布币的浇口和边缘通常保留有浇铸时挤出范外的凸体，由于没有经过锉磨而保持自然状态。有些伪造品的边缘非常光滑，一看就会知道是假的。此外，大部分刀、布币的币文笔画都是一刀刻成的，不加修饰，而伪造品上的文字一般都是刻意模仿的，经过反复地描画，线条比较粗。有些出土的刀、布币被氧化的程度很严重，币体上的文字已经十分模糊。那些刀、布币文字的笔画呆滞而又特别清晰的，十之八九都是伪品。战国时期，刀、布币中也有一些造品的笔画比较浑圆，可能不是刀刻的。

鉴别古钱还需要掌握一些与钱币相关的知识，包括钱币学、货币史、考古学、金石学以及文物方面的基本知识。其中鉴定钱币的基础是钱币学，钱币学中对各个时代钱币的版别、形制、质地等特征都有较详细的论述，对各朝代的钱币历史、特征及类别有了详尽的了解，自然对鉴定古钱具有重大意义。比如南宋末年的“景定元宝”和“咸淳元宝”只有宋体小平及折二数种版别，假如发现重宝、通宝或其他书体的这种钱币，就可以断定为伪品。另外还应该具备一定的文化修养，尤其是古汉语基础，这是阅读古代文献资料和考古文物成果所需的基本功，否则就无法使用古钱文献著述。

最后，鉴定钱币还应该有一定的艺术修养，要具有书法鉴赏能力。因为钱文也代表了一代书风，因此对书法知识的了解与鉴赏就显得颇为重要。例如瘦金体的钱文不会出现在宋徽宗之前，此外各个不同时期的钱文风格也各有不同。一般来讲，伪钱的文字不如真钱的流畅，但“通行泉货”“永隆通宝”等真钱的文字也有较生硬的。伪造的这类古钱上的文字常常比真钱上的文字更加好看、端正。有书法修养的人就很容易识别钱文的书体是否与所在时代相符，更能一下就看出钱文是一笔所书还是拼凑而成的。

2 依钱文辨真伪

文字作为文化传播的工具，在金属铸币产生之时就出现在币面上，有的表示币值，有的表示地名，有的是钱币的名称，没有文字的铸币比较少见。不同时代的钱币上的文字有不同时代的文体风格和韵味，尽管后人可以学习模仿，但充其量也只能达到惟妙惟肖的程度，不可能完全一致，因此，对古钱上的文字进行辨伪，也就成了钱币鉴定一个相当重要的方面。

秦朝时期是我国货币发生、发展的主要历史时期。春秋战国时期，社会商品经济的发展巨大，货币经济得以确立，金属铸币开始登上历史的舞台。这个时期的铸币主要有刀币、布币、圜钱和楚货币四大系列，无论是哪一个系列的货币，大多都铸有文字，这些文字所具有的特征是纤细、流畅、隽秀。铸币文字用刀直接刻在钱范上铸就，留有明显的刀刻笔意，并且一气呵成，没有改写的痕迹，且不像同时代青铜器上的铭文那样规矩、严谨，而是布局随意、粗放，前后连贯呼应，生动自然。先秦铸币文字所具有的这些时代特征，赋予先秦铸币独特的艺术魅力，不是作伪之人能轻易模仿成功的。

在铸币文字的作伪方面，作伪者的惯用手段是改刻。伪品上的文字通常缺乏生气，如果注意察看，很容易识别。如汉武帝时的三铢钱存世很少，伪造者就用五铢钱改刻，但三铢与普通五铢的“铢”字写法有明显不同，可以凭此鉴别其真伪。

以悬针篆体自成一格，备受后人所推崇的王莽钱币留存于世的赝品比较多，有的超过存世真品本身的数量。通常所见的王莽钱伪品主要有“大布黄千”“货布”“一刀平五千”三种。其中“一刀平五千”又称“错刀”或“金错刀”。真品的“一刀”两字在环首的肉上，为阴文嵌金。伪品有的没有“一刀”两字，或者“一刀”两字是阳文，据说还有的是用金粉之类的东西描写“一刀”两字等，作伪方法相对来说比较容易辨识。“货布”“大布黄千”尽管留存于世和考古发现的比较多，但由于其文字、制作十分精美，达到了空前绝后的程度，因此深受收藏家们所喜好。就文字书法而言，“货布”和“大布黄千”的钱文最能体现出王莽钱文的风韵和水平，流畅而隽秀，纤细而有力，布局得体而完美。真品通常字口都比较峻削与生辣，而一般作伪的方法是翻制真品，铸造出来的赝品尽管文字与真品形似，但是缺乏真品原有的生气，显得比较木然，字口浅平。另外，制作加工方面也存在着一些缺陷。

钱币钱文的鉴定并不是一朝一夕的事情，需要通过大量的实物接触加以体会、研究，然后才有可能了解和掌握各个时代每种钱币钱文的书体特征和风格。另外，最好具有良好的书法艺术修养和鉴赏能力。

3 看锈色辨伪

久埋地下的铜钱表面或多或少都会有锈迹，一般都呈绿色。随着入土的时间、所埋地的地理位置、气候环境以及古钱本身成分的不同，锈迹也就不尽相同。入土年代越久远，锈迹堆积越厚，颜色就越深。有的绿锈板结于钱币表面，呈晶体状，而且非常坚硬，不易擦掉，这种称作“硬绿”。古钱出土地的土壤成分也直接影响古钱的腐蚀程度，如埋于酸性土壤中的古钱其腐蚀程度要严重一些。北方雨水较少，铜锈坚硬且易板结成块。南方多雨潮湿、氧化层松软，锈色则多呈蓝、绿状。从颜色上看，地气燥热处出土的铜钱的锈色红、绿交杂，被称为“红绿锈”。另外，还有带黑色或灰白色的锈。铜钱的构成成分也直接影响到腐蚀程度，掺杂铅、铁较多的铜钱入土不久就会严重氧化，含锡、镍较多的则不易生锈，例如一些古代的白铜钱至今仍然光洁如初。

上面已经讲了钱锈的作伪方法，了解了这些，对鉴别铜锈的真伪大有用处。不管是用什么方法制作的假锈，它们表现出的共同特征是质地比较松脆。原因就是这些铜锈不是由铜胎内部自然产生的，而是通过化学反应的方式形成的。因此，这些作伪的铜锈通常只是浮在钱体的表面，用刀或指甲削很容易被剔除，又被称为“粉状锈”或是“浮绿”。真锈是自然形成的，分布随意得体，完全没有矫揉造作的感觉，而假锈并不是这样，由于想要做得逼真，能与真品混淆，作伪者在铜锈分布上往往刻意琢磨，最后反而露出了马脚。

在我国南方地区尤其是安徽、江苏等地发现的钱币中，钱体表面的铜锈与粉状锈那样的假铜锈类似，所以对于具有这种“粉状锈”的古钱不能一概而论地都定为赝品。它们之间的真假区别在于，钱币真品所生成的类似于粉状锈的铜锈不像假锈那样只是浮在钱体表面，而是由铜胎中自然发出。所以，真品的铜锈与钱体是连成一片的，不易剔除。鉴别钱币真伪时，应该尽可能多地了解有关钱币的来源、发现地或者出土地等资料。

需要强调一点，不是所有的钱币表面都有铜锈，先秦时期楚国金版就是如此。尽管距今已有近两千年的历史，但是它的色泽依旧，金光闪闪。鉴定这些东西，光凭锈色的话就会误判，不知所措，这就需要同文字以及当时的制作技术等结合起来分析判断。辨别没有锈的清代钱币使用同样的方法。

钱币大体上可以分为“生坑”与“熟坑”两种。生坑就是指新出土不久的钱币，表面一般氧化比较严重。熟坑是指没有经过入土的传世品。熟坑的钱币经过人们长期抚摸、流传，钱体表面自然生成了一层呈褐色或者深褐色等色泽的保护膜，俗称“包浆”，虽然是极薄的一层，但是放在水中煮洗不会脱落。伪造的包浆通常是放在煤烟、油烟上熏黑，然后再上蜡打光，如果用水冲刷，就会基本消

△ **异形“垂”布　战国**

通长5.1厘米，宽3.1厘米，重约9.7克

△ **“戈邑”背“一分”方足布　战国**

△ **桥足布　战国**

通高5.4厘米，重14克

△ **寽布　战国**

通高5.2厘米，宽3.1厘米，重约9.7克

△ **寽布　战国**

通长9.8厘米，宽3.5厘米，重34.5克

△ **“郲子”方足布　战国**

通长4.9厘米，重7.7克

失。还有一种是把钱币放在煤堆等黑色素比较集中的地方，时间久了，也会在钱体表面形成一层黑色薄衣，打光以后与包浆颇为相似，对于这一点尤其要注意。包浆中比较常见的是呈黑褐色的传世古色，又称作“黑漆古”。前面介绍过传世古色常常见到的两种作伪方法，一是用火煅烧伪钱，取出以后使其冷却，钱的表面就会产生黑色，再放在衣袋里，经过一年半载之后，色泽光润，与真钱相似，或是等到用火煅烤冷却以后，用沾着油脂的布在钱体上搓擦，这种方法偶有带红锈的；二是把伪钱用盐酸或硫酸浸一两天，取出以后呈现黑色，用前一种方法加工，色泽与真的传世古色相同。鉴别时除了采用识别真假包浆的方法外，还应该根据形制、文字及制作等加以仔细辨认。

△“宅阳”方足布二枚　战国

4 | 看形制辨伪

古钱币的形制通常是由政府明文规定的。形制包括钱径及钱穿的大小，钱体的轻重薄厚，内外廓的宽狭及钱背的深浅等方面。我国从金属铸币产生以来，不同时代的钱币形制都有所不同，有的近似，有的却大相径庭。熟悉并掌握历代钱币形制的变化，对鉴定钱币真伪也是一个不可忽视的重要因素。

我国钱币形制大体经历了三个重大变化，一是仿制生活器具和生产工具；二是方孔圜钱；三是机制的不带方孔的圜钱，例如银元、铜元。

先秦时期的钱币形制比较多，但是仍然可以理出几条主要线索来。先秦货币可以分刀币、布币、圜钱及楚货币四大系列。布币是由仿制青铜农具钱、镈而来，各种布币的主要区别在于首部、肩部及足部，一般都比较轻薄。刀币是由仿制青铜工具刀、削而来，形制上基本相似，齐刀大而厚重，明刀和圆首刀则轻而薄小。圜钱一般是平背，齐、燕两国铸行的方孔圜钱面有廓，三晋地区的圆孔钱却没有，据说它们都是由仿制玉璧而来。楚蚁鼻钱是仿照天然贝而来，金版仿照龟背而来。先秦货币形制在中国货币史上独树一帜，与其他历代货币的风格大不相同。

从秦汉六朝时期开始，我国货币正规化、一统化，通常都采用方孔圜钱的形制。这种方孔圜钱的钱币形制历时二千余年，一直被延续到民国初年。秦汉六朝

△ “平阳”方足布二枚　战国

时期，半两钱除了四铢半两中有的有廓以外，大多都是平背，前期大而且厚重，上海博物馆所收藏的一枚秦半两重64克，后期小而且轻薄。汉武帝元狩五年（前118）时开始铸行的五铢钱，钱背往往都比较深峻、狭缘。六朝时期铸行的“永通万国”“五行大布”等虽然在大小上不尽相同，但形制上类同。隋唐五代钱币中有宽缘的出现。

宋朝时期的钱币一改前制，钱背比较平浅，外廓大多比较宽。金朝的钱币与宋徽宗时铸造的钱币一样，都极其精美，钱背比较深，显得轮廓分明。元明钱币也是这样。清朝时期的钱币则又恢复了宋代形制的某些特点，但不同的是，面背内外廓都比较浅显，在道光以前钱币实行一等制，咸丰帝之后则有大钱出现。

在清代光绪年间，开始出现机器铸造的货币，主要是银元和铜元，不过方孔圜钱依然铸行，民国时期出现过机铸的镍币及铝币等钱币。光绪年间曾经铸造过一批机制的方孔圜钱，大多见于宝浙局等。

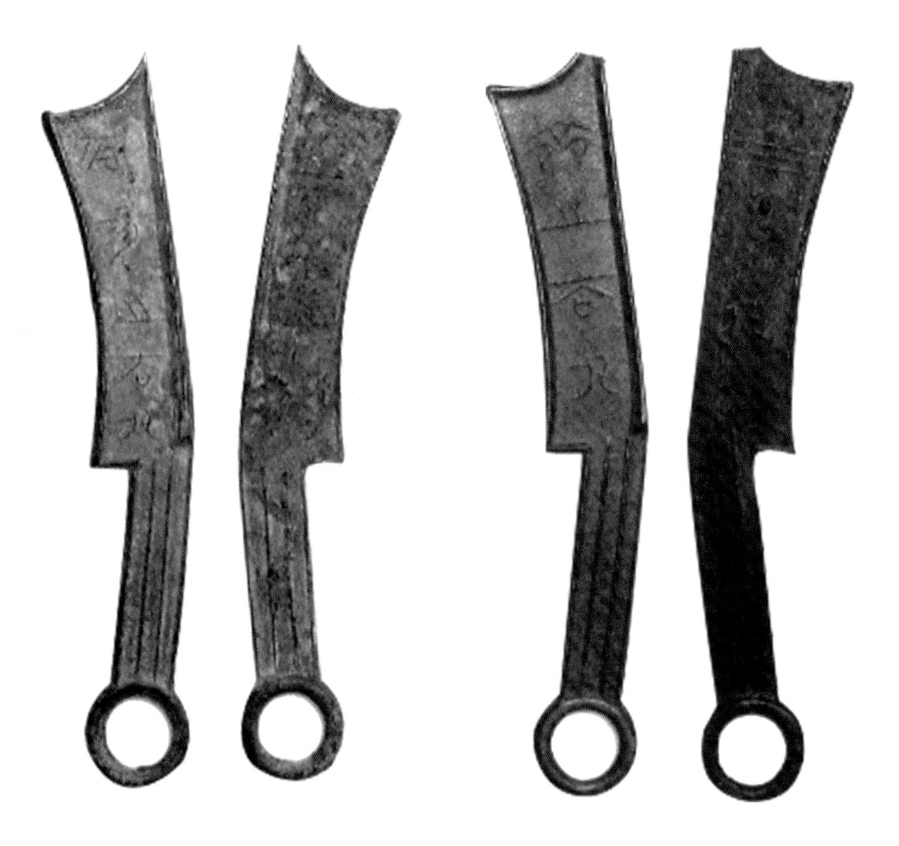

△ **“安阳之法化”背“卜”五字刀　战国·齐国**

△ **“齐之法化”背“化”四字刀　战国·齐国**

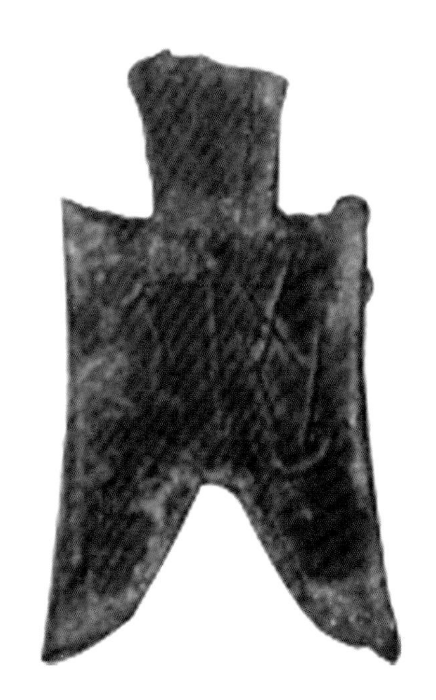

△ “晋阳半”尖足布二枚　战国

5 | 看制作工艺辨伪

我国钱币的铸造在唐朝以前是采用范铸法，唐朝以后则是采取母钱翻砂法。唐朝以前的钱范有泥陶范、石范及铜范几种质地。它们并非是同时被使用的，而且一个范能够铸多少数量的钱币也经历了一个发展过程。最早出现的泥陶范，刚开始是一范铸一钱。战国时期开始使用铜范和石范，布币石范一般是一范铸两钱，就是在一块钱范上刻有两枚布币形腔。一块刀币石范能铸造的数量通常在3～5枚。就石范铸造技术来说，钱币面是石范、背是泥陶范共同使用的技术，范体热变的问题得到了较好的解决。就目前来说，先秦时期对于铜范的使用仅见于蚁鼻钱和齐刀，尽管以前著录中有布币铜范，但是没有见过实物。齐刀铜范铸钱采用的是立式叠铸技术，它不直接用于铸钱，铸钱时仍需翻制泥陶范。在当时，蚁鼻钱铜范是被直接用于铸造的，据说目前仅发现了五件蚁鼻钱铜范。其中，1982年2月安徽繁昌县文物组在横山采购站拣选到的两件铜范相当精美与完整，一次可以铸币分别是66枚和67枚。秦汉六朝时期泥陶范、石范、铜范同时得到使用，并且大大增加了一次铸币的数量。1986年5月在山东省博兴县贤城村发现的一块榆荚半两钱范一次可铸钱达到176枚的，实属罕见。

隋唐时期货币的铸造量大大提高，但是从没有发现过用于铸造钱币的诸如钱范之类的工具。上海博物馆藏有一枚被鉴定为母钱的唐代“乾元重宝”钱，表明

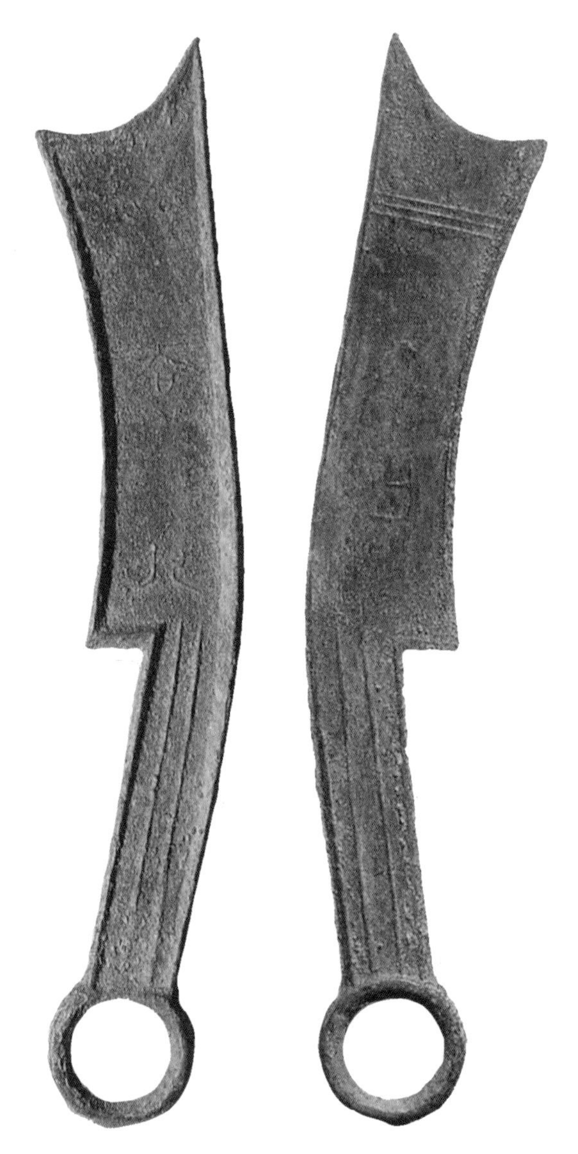

△ **齐之法化　战国**

通高18.4厘米，宽2.9厘米，重46克

当时铸造工艺中母钱翻砂法已经开始使用了，这种工艺对以后历朝历代的铸币技术都产生了直接的影响。根据明代宋应星《天工开物》的记载，可以了解到古代母钱翻砂铸钱的大致工艺过程，用四根木条作空框，中间填上土，上面放若干母钱，再把同样一框合在上面，即成钱的背面，这样完成数十框，上面留出浇口，用绳捆紧加固，将熔化的铜液浇注进去，待冷却后开框，则成树枝形的钱，然后逐一摘断磨锉加工。在这里，母钱实际上充当的是钱模的作用，它事先用铜、锡

原料精铸而成，由中央颁发到各地，各地据此翻砂铸钱。母钱之上是雕母。所谓雕母，就是在一块铜材原坯上人工琢刻加工成的钱币样式，现存最早的雕母为明代的“嘉靖通宝”当十雕母大钱，现收藏于南京博物院。母钱之下是样钱，样钱是用母钱翻砂铸成的，是正式大量铸造的流通钱币之前铸造的样品。清代的样钱分为部颁样钱和进呈样钱两种。张世南的《游宦纪闻》中对于母钱翻砂法的工艺流程也有记载，其用工之序有三：曰“沙模作”，次曰“磨钱作”，末曰“排整作”。

虽然隋唐以后我国普遍采用了母钱翻砂法铸钱，但是也有例外的。就目前所了解的情况可以得知，五代十国时期王审知铸“永隆通宝”使用的是范铸法。几年前，北京曾发现过一块“同治重宝”当十砖范，说明清代也有偶用钱范铸钱的情况。

在基本了解了我国铸币工艺每个历史阶段的大致情形之后，回过头来再看一下伪钱的制作水平，就能比较清晰地加以对比。

翻砂造伪古钱与古代铸钱时的工艺过程有所不同。古代铸钱时只是将砂箱翻身，不需要拿出母钱，因此砂模受力均匀，钱币的厚薄大体上相同。伪造时，真钱被用来作模，取钱的时候砂范受力不均匀，因此常常会造成轻度变形，所铸伪钱在厚度上也有出入。

铸成后的伪钱打磨方法也存在着问题。古代铸钱时一般都是大批生产，浇铸成的毛坯一起加以固定，然后装在转轮轴上，在转动过程中用锉刀锉边。有些古钱出炉以后不久就被埋入土中，若干年之后出土时它们仍旧轮廓峻深，文字清晰，有的甚至还能看清币体上的原始锉痕。如果古钱流通过久，轮廓就会失去棱角，文字会有不同程度的磨损，锉痕也就当然消失了。如果发现古钱上的文字平夷而钱体上带有新锉痕的，就应该仔细研究，这或许是伪造者取用文字较为平夷的真钱作模翻铸而成的。

此外，流传至今的古钱由于曾经长期穿在绳索上，钱的穿孔经过自然磨损变得光滑无棱。翻铸的伪钱的穿孔通常都是需要人工刻意打磨的，由于人工打磨时轻重不易掌握，致使伪品穿孔内磨损的程度不均匀，严重的还会伤及内廓。有的伪钱铸成后没有经过打磨，钱体侧面留有的凸起并不规则，原因就是翻砂技术不精，铜汁从砂模合缝处溢了出来。还有的伪钱再翻铸欠当，导致外轮内边不圆，中孔不方，外轮不圆或中孔不方还容易锉磨，内边不圆就只有用刀去修，这样便会刻伤边缘，当遇到轮廓方圆不规则的或有刮削痕迹的古钱时，更要加倍留心，以防上当受骗。

三 古钱的保养技巧

古钱保养主要的两大问题是存放与除锈。古钱出土时大多数都锈迹斑斑，一般应该尽量保持原状，因为大多都是无害锈。但如果遇到古钱锈结成块而无法辨认币文时或者存在有害锈迹时，就需要除去锈迹。需要指出的一点是，在清除古钱的锈蚀之前，一定要辨别清楚所除的锈是否对古钱有害。不少人在除锈的时候喜欢来个“一锅端”，不分青红皂白，有锈便除，认为只有这样才能做到光洁如新，结果将钱币弄得面目全非，全无生气，这是十分不可取的。适当的铜锈不仅可以增强古钱的观赏价值，还给人一种“青莹霞翠”的美感，这是鉴别真伪的一个重要依据。在国外拍卖会上在对钱币进行拍品定价时，锈色的好坏还是一项重要依据。不过对于那些影响钱币本身质地或观赏性的锈蚀则是一定要除去的。下面向大家介绍几种方法。

1 | 醋浸法

土锈通常都是土和钙镁盐的混合物或土和铜锈的混合物。在处理之前要先用柔软的毛刷蘸上水轻轻刷去古钱上的泥土，然后再将它浸入乙酸稀释液中（冰醋酸是一种无色透明的酸性化学溶剂，原本用于摄影暗房），待1小时之后，用小木棍轻轻碰触块状古钱，直至散开为止，再戴上橡皮手套，一手持一枚古钱，一手用毛刷轻轻擦洗。无背文和记号的古钱可不必擦去背面的铜锈，以便保持出土古钱的部分特征。除锈以后放在清水中冲洗掉乙酸溶液，用柔软的毛巾或布片吸干水分，最后平摊在干净的纸上晾干便可。在缺乏条件的情况下，也可用食醋浸泡除锈，大约需要一昼夜才能勉强溶开铜锈，效率比较差。对于粉状锈浸泡法无能为力的，可用油泥圈围住除锈部位，用滴管滴入浓乙酸使锈分解，然后再用针尖轻轻剔锈，用水刷洗以后，再用氢氧化铵进行中和。“胎发锈”就是从古钱内向外腐蚀的锈层，这种情况下钱身会变厚，大多是采用封闭保存，不再除锈。

2 | 开水浸泡法

有时古钱币身上会覆盖一层总也洗不干净的浮土。其实，这种所谓“浮土”实际上是一种土和铜锈的混合物（属碱性的硬质黏浮物），即土锈。对于这种锈，可以先把古钱放入一个容器中，将温度在80℃～90℃的开水倒入容器中，直至币身被浸没（倒水速度不可过急）。待5分钟以后，将钱取出，用小刷子刷洗钱文及币身，阴干后便可。遇到土锈严重的古钱时，还可以把热水加温直至沸腾使土锈脱落。通过实践证明，这种方法对于清除土锈是十分有效的，而且又有不损坏币身包浆这个大优点。铅质古钱中有钱文模糊不清或是锈结成块的，也可以采用此方法分离。

3 | 干刷法

遇到铜锈或铁锈比较浅浮时，应该尽量避免用醋泡等化学手段，可以改用干刷的方法来达到清晰线文的效果。选一支大号油画笔，将笔头上的棕毛剪短（距根部

△ 圆折刀　战国

0.5～0.7厘米即可），根部整齐划一便可使用。先将古钱置于玻璃板上，握住油画笔根部均匀地刷，要注意用力均匀，否则效果不佳。待浮锈被刷去以后，再用清水洗净便可。

4 加热法

此法主要适用于锈蚀比较浅的铁钱。铁锈的主要成分为氧化铁（Fe_2O_3），它的分子结构比较疏松，与铁钱钱体吸附的牢固程度远不及铜钱，所以利用热胀冷缩的原理就能使部分铁钱的锈蚀脱离。采用这一方法时，不要将除锈的铁钱放在火上直接加热，加热的时候必须加一个承接器皿，如锅、杯等金属容器，因为铁钱直接被火烧后会发生变色、变形甚至断裂等异常现象，另外最好再加一些清水。加热时间不要太长，通常旺火加热3～4分钟后，将铁钱取出，用冷湿毛巾捂住，铁锈便会自然地脱落。选择用加热法除锈的对象，应是铁质上好而且锈蚀比较浮浅的铁钱。绝对不能把锈蚀严重而且钱体已非常脆弱的铁钱用加热法来除锈，否则本来已经十分脆弱的钱体会耐不住高温而支离破碎。

5 刀刮法

刀刮法适合那些板结成块状，覆盖了整个钱体的硬绿锈。因为这种锈实际与钱体附结得并不牢固，所以用一把刻章用的刀对准锈块底部小心挖铲便可。使用这种方法要注意用力适当，以免损坏钱体，对名贵古钱还是慎用此法。

金属币的珍稀品，过去通常用象牙盒或是骨盒盛放装饰。现如今可以放入里面充有氮气的有机玻璃盒中存放。金银币可以放入包装盒中。

普通的金属币按时代、版别配套的顺序放入盒中。木盒一般长60厘米，宽40厘米，高8厘米，盒内底面钉上一层薄泡沫塑料。古钱钱背朝上，一是可以保护钱文，二是便于查看登记号。在古钱周围用几根大头针固定。也有的是在硬纸板上沿古钱周围钻小孔，用线绕住固定的。还有的是将三层硬纸板胶合，最上面的一层按照古钱大小刻成圆孔，放入古钱以后，蒙上一层塑料薄膜。这些保存古钱的方法，存在着存放体积大、成本高、携带存放不方便等弊病。还有就是，大头针乃铁质，长期与铜质钱体接触，就容易发生置换反应，产生铁锈水，从而污染古钱。

还有一个存放古钱比较常用的方法是用一种透明的塑料袋。它分为三种规格，可存放大、中、小三种类型的各式钱币，易于存取，所占体积较小，便于携带与观赏，但只适用于短期存放。这种塑料袋是由聚氯乙烯制成的，有些劣等的干脆为再生塑料，其透气性能非常差，遇阴雨天容易进入水气，而且很难排出，造成袋内潮湿，进而引起古钱的锈蚀。一旦有类似粉状锈等有害锈滋生，那整个

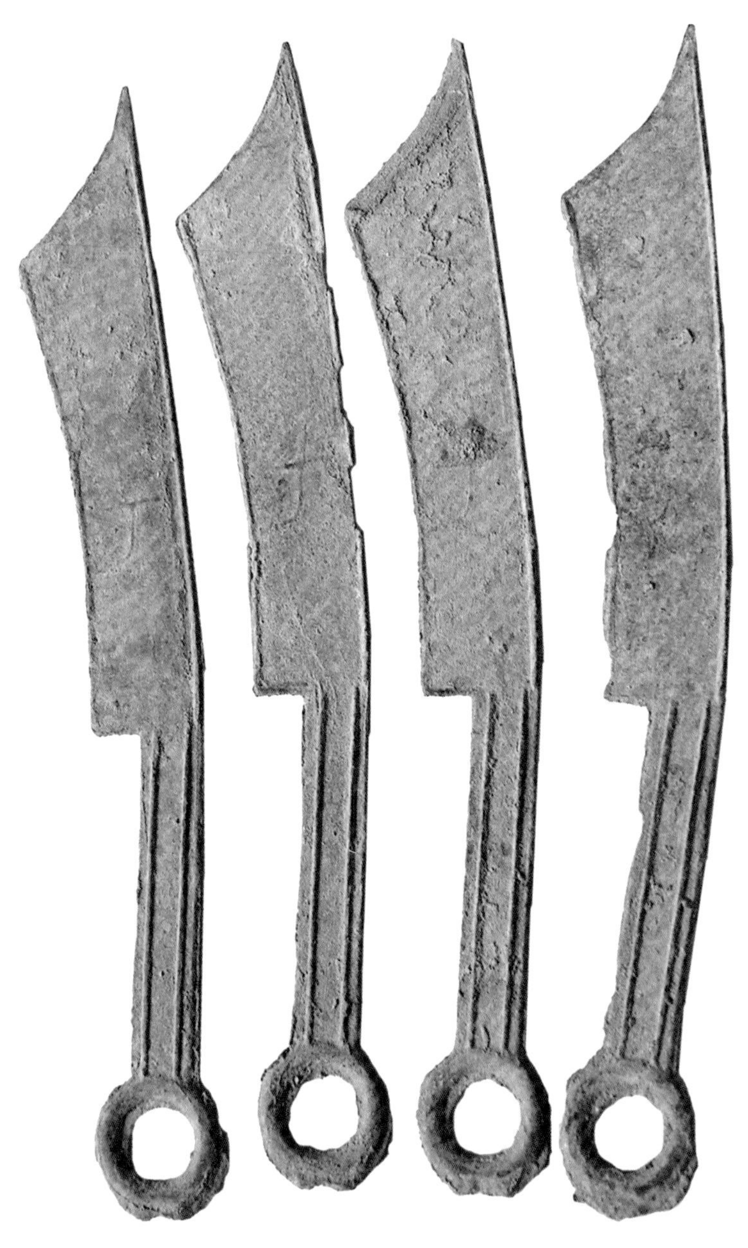

△ 尖首刀　战国

钱体就都会受到侵害，致使古钱的品相大打折扣。此外，这种塑料袋的进口比较小，很容易对一些比较脆弱的钱币造成直接性的伤害。

刀、布币类的体积通常比较大，需要另外存放，但目前并没有特制的存放器具，少数藏家请人特制的存放器具其成本非常高，对于普通收藏爱好者来说是不易实现的。一般可选用一些废弃的纸盒，最好再在下面添上一些棉絮、海绵等来减少摩擦。布币可以选用一些带格子的纸盒。

铁钱由于比较容易被氧化腐蚀，所以更加需要多加注意。有些人认为铁钱除锈以后便可高枕无忧了，其实不然，不少铁钱就算是除锈后也会迅速生成新锈，长此以往便会造成钱文变浅、变模糊，甚至受到损害。因此，铁钱最好存放在干燥的纸盒或是硬塑盒里面，周围尽可能多放上一些干燥剂。有条件的话，还可去五金店买一些金相防锈纸，裁成小块后，用来分别包装每一枚钱币，以起到封闭的作用。对于名贵的铁钱，最好采用真空包装。平均每隔3～5个月，可以在干燥晴朗的天气里把铁钱逐一拿出来通通风，翻动一下。

有的古钱由于自身的铜质问题或是长期处于潮湿与酸性的环境中等，会产生十分严重的氧化现象，钱币学称这种现象为“脱胎”。由于氧化程度严重，“脱胎”钱会非常脆嫩。因此，对“脱胎”钱一般不要作任何处理，必须要轻拿轻放，绝不能随意一扔，否则整个钱币就会粉身碎骨。先秦的一些刀、布币由于年代久远，“脱胎”现象很是常见，在保存时要十分注意。

如果收藏的古钱币很多，可对它们进行造册登记，以便保存与查阅。登记的内容应包括登记号、古钱名称、质地、重量、钱径或尺寸、等级、现状、来源及有无著录，然后再附上拓片、照片等。